AF548558

Фріда Нільсон

Яґґер, Яґґер

лице з подвійним підборіддям (тлусте)

волосся надто густе

живіт тлустий

руки тлусті

ноги тлусті

Центру Програми «Балтійський університет» в Україні (BUP Programme Center Ukraine).

У Видавництві Старого Лева в перекладі Наталі Іваничук вийшли друком такі книжки:

Туве Янссон, трилогія «Країна Мумі-тролів».

Туве Янссон «Літня книжка».

Туве Янссон, Самі Маліла «Рецепти Мумі-Мами»

Гаріді Алекс, Давідссон Сесілія, Туве Янссон. «Різдво приходить у країну Мумі-тролів».

Віґдіс Йорт «Йорґен + Анна=любов»

Серія Ніни Елізабет Ґрьонтведт «Привіт, це я!», «Абсолютно неціловзана», «Суперліто», «Happy end, попри все».

Том Еґеланн «Таємниця катакомб».

Бодо Шефер «Пес на ім'я Мані, або Абетка грошей», «Кіра і таємниця бублика».

Серія Аудгільд Сульберґ «Хто проти суперкрутих», «Суперкруті догралися», «Привиди проти суперкрутих», «Таємниця суперкрутих».

Серію Ґюдрун Скреттінґ: «Антон та інші нещастя», «Антон та інші зі зграї», «Антон Великий».

Мая Люнде «Снігова сестричка».

Клаус Гаґеруп «Дівчинка, яка врятувала книжки».

Фріда Нільссон «Гедвіґ»

Рушіфте Крістін «Рахують усі».

Кетіль Бйорнстад, трилогія: «До музики», «Ріка», «Дама з долини»

Лінн Ульман «Бентежні».

Гальфдан В. Фрайгов «Любий Ґабріелю».

Наталія Іваничук – відома українська перекладачка. Переклала понад сотню книжок з норвезької, данської, німецької та шведської мов для дітей та дорослих. За перекладацьку діяльність та значний внесок у розвиток норвезько-українських культурних зв'язків отримала найвищу нагороду Норвегії – Королівський орден Заслуг.

Народилася в сім'ї видатного історичного романіста Романа Іваничука 29 листопада 1959 року. Закінчила германську філологію Львівського національного університету ім. Івана Франка. Стажувалася у Норвезькій фундації перекладачів (Norwegian Translators Fund) і була учасницею літніх шкіл в норвезькому Університеті Осло, Українського Вільного університету в Мюнхені.

Після здобуття вищої освіти Наталя Іваничук працювала викладачкою німецької мови на кафедрі іноземних мов Львівського медичного університету ім. Данила Галицького та викладачем німецької мови та літератури у Львівському педагогічному коледжі, науковим співробітником Науково-дослідного центру періодики Львівської національної наукової бібліотеки ім. Василя Стефаника, викладачкою німецької та норвезької мов Львівського національного університету ім. Івана Франка та аташе з питань преси і культури Посольства України в Фінляндії.

Нині продовжує роботу у Львівському національному університеті ім. Івана Франка, викладаючи на факультеті міжнародних відносин норвезьку мову.

1997 року заснувала і очолила Центр країн північної Європи (Nordic Center) у цьому ж університеті і була директором

Татові, зірці мавп
і цапам-відбувайлам присвячується

УДК 821.113.6-31-93
Н66

Фріда Нільсон

Н66 Яґґер, Яґґер [Текст] : повість / Фріда Нільсон; пер. зі швед. Наталя Іваничук. — Львів: Видавництво Старого Лева, 2021. — 208 с.

ISBN 978-966-679-969-5

Як бути восьмирічному хлопцю, який має зайву вагу і не має жодного друга? Чи реагувати на постійні кпини і знущання сусідських дітей, що лише чекають відповідного моменту? І що робити із нерозумінням батьків, які вдають, що нема ніяких проблем, просто треба бути трохи сміливішим?

Життя несподівано змінюється, коли Бенґт знайомиться з бродячим собакою Яґґером, що врятував його зі сміттєвої повітки. Сміливість, безтурботність та рішучість нового друга знаходять відгук у серці хлопця, і той наважується на помсту. Можливо, саме це змінить ставлення інших дітей і він нарешті знайде друзів?

УДК 821.113.6-31-93

Co-funded by the
Creative Europe Programme
of the European Union

ISBN 978-966-679-969-5 (*укр.*)
ISBN 978-912-713-610-6 (*швед.*)

Фріда Нільсон

Яґґер, Яґґер

Переклад зі шведської
Наталі Іваничук

Ілюстрації
Олександра Шатохіна

Львів
Видавництво Старого Лева
2021

Я

Мене звати Бенґт. Одного літа, коли мені виповнилося вісім з половиною років, я познайомився із собакою на ім'я Яґґер Свенсон. Іноді ловив себе на думці, чи було те літо насправді, чи мені лише примарилось або наснилося — таким воно здавалося дивним, коли про нього згадував. Але тоді... тоді нічого не викликало сумнівів чи зачудування.

Дім, у якому я мешкав, був сірий і мав шість поверхів. На подвір'ї стояли карусель, лавка, смітник і росла сосна. У будинку мешкало дуже багато людей: тридцять двоє дорослих, четверо дітей і кілька немовлят. Улітку діти зазвичай гралися на подвір'ї — усі, крім мене.

Не те щоб я не хотів з ними бавитися. Дуже навіть навпаки. Я так прагнув їхнього товариства, що мені, бувало, аж голову зносило, а одного разу я мовби зовсім схибнувся. Сидів собі на підлозі у своїй кімнаті — й раптом розпачливо заридав, загамселив себе щосили кулаками по довбешці. Прибігли мама з татом, пригортали, обіймали, і мама без упину запитувала: «Що з тобою? Що з тобою?».

— Якби ж я не був такий бридкий, — заходився я плачем.

Тоді вже й мама розплакалася, переконувала, що зовсім я не бридкий, а тато їй підтакував. Та хіба мені від того легше? Не вони ж вирішували, кому зі мною захочеться дружити й гратися.

Усе в мені бридке й потворне:

Живіт (тлустий)
Руки (тлусті)
Ноги (тлусті)
Лице з подвійним підборіддям (тлусте)
Волосся (надто густе)

А якось у дворі Астрід сказала, що від мене ще й цибулею тхне.

Астрід, Аллан і Ґустав — так звали решту дітей у нашому будинку. Вони часто мене цькували. Мабуть, щоб я не забував, який бридкий. Одного разу напхали кукурудзяних пластівців у поштову шпарку наших вхідних дверей.

Іншого разу загилили в річку мій футбольний м'яч, а він же був новий, з емблемою відомої фірми! Ще одного разу вибруднили глиною велосипедне сидіння, і мій задок став коричневим. А якось написали на стіні під'їзду, начеб у мене справжні цицьки, та я замалював ті слова чорною фарбою.

Я розповім про день, коли все почалося. То було всередині червня. Мама з татом уже пішли на роботу. На кухонному столі лежала записка: «*Винеси сміття, Бенґте! Цьом!*». Її написала мама. Вона завжди давала мені якісь доручення, лиш би я вийшов надвір: купив молока, подихав свіжим повітрям чи напомпував колеса велосипеда, наприклад. Майже кожного ранку на столі лежала нова записка.

Сам я залюбки простирчав би вдома аж до свого тридцятиліття, а шпарину для пошти заклеїв би клейкою стрічкою, от тільки поштаря не хотілося засмучувати. Мама казала, що гуляти мені корисно, і ніколи не знаєш, як наступного разу поведуться діти. Ану ж саме сьогодні їхнє ставлення до мене зміниться! Принаймні вона в таке вірила.

Я перевдягнувся у шорти й футболку, з'їв дві канапки. Потім з'їв ще одну канапку й випив склянку молока. Потім знову зиркнув на кухонний стіл: записка нікуди не зникла. Тоді я важко зітхнув, зав'язав вузликом пакет зі сміттям і вийшов на сходовий майданчик.

Усі двері помешкань мали однаковий вигляд. Ніби витріщалися на мене чотирикутними очиськами. Зійшовши до дверей під'їзду, я притулився носом до шибки. Астрід, Аллан і Ґустав гуляли. Сиділи, як завжди, на каруселі.

Трохи розкажу вам про них. Астрід мала каштанове волосся й носила у вухах сережки. Аллан мав руде волосся і велетенські вуха. Ґустав мав світле волосся і більше нічого надзвичайного. Принаймні ніхто з них не був бридкий.

Я відчинив двері й швидко рушив через подвір'я.

— Ти куди? — запитала Астрід.

Я промовчав. Іноді, коли дітлахи про щось запитували і я відповідав, вони репетували: «ЦЕ НЕ ДО ТЕБЕ!». Ніколи не знаєш, чи варто озиватися.

— Він виносить сміття, — сказав Ґустав.

Аллан пирхнув.

— Нащо тобі це здалося? — приставала Астрід.

— Бо треба, — пробурмотів я.

Астрід зістрибнула з каруселі й підбігла до мене.

— Що там? — спитала вона, потягнувши за пакет.

— Відпусти! Просто сміття!

Але Астрід потягнула ще сильніше. Сказала, що їй кортить побачити, чи багато в пакеті недоїдків, масла й усілякої іншої гидоти.

— Нічого такого там нема, — боронився я.

Мої щоки розчервонілися, як буряки. Звісно, я цього не бачив, але відчував. Я тягнув пакет на себе, Астрід тягнула на себе, зрештою він роздерся, і все сміття висипалося на землю.

Астрід затулила рота долонею і скрикнула. Аллан з Густавом теж заверещали. Їм було бридко й смішно водночас. Усі троє обступили мене, спостерігаючи, як я визбирував недоїдки, макарони, мокрі фільтри з кавовою гущею і зіжмакані паперові рушники, а тоді бігцем кинувся до смітника. Потім повернувся за курячими кісточками, яблучними лушпайками й маскою пластиковою коробочкою з-під свинячого філе.

— Бє-є-є-є, який ти огидний! — вереснула Астрід. — А ти знаєш, що у смітнику водяться щурі?

— Нє-є.

— Ага-ага, водяться. І кусаються.

Мені клубок підкотився до горла, я ледве його проковтнув. Я не знав, правду вона каже чи вигадує.

— Ненавиджу щурів! — сказала Астрід.

— Чому? — здивувався Ґустав.

— Просто ненавиджу і все. А ви хіба ні? — звернулась Астрід до друзів.

— Ні, — сказав Ґустав.

— Ні, — сказав Аллан.

— Ні, — сказав я.

— А ТЕБЕ ніхто не питав! — рявкнула Астрід.

Я підібрав із землі ще кілька смажених шматочків картоплі й притьмом кинувся до смітника, а тоді кулею вискочив звідти, боячись, аби щурі не повідкушували п'яти.

Аллан далі дражнив Астрід. Він сказав, що любить щурів, — вони ж такі милі звірята. Якби стрівся йому щурик, поцілував би того у хвостик! Астрід завищала так, що мені вуха позакладало.

— Я додому, — буркнув я.

З мене цабенів піт. Надворі було гаряче, трава на узбіччях пожухла, зі сосни осипалася глиця. Здавалося, ніби весь наш житловий квартал запхали в жерло печі.

Щойно я ступив на східці, що вели до під'їзду, за спиною пролунав окрик Астрід.

— Стій!

Я аж стерпнув від ляку. Лише вона вміла так лютувати.

— А це що таке? — рикнула вона, показуючи мізинцем на щось під ногами.

Горошина!

— Ти це забув!

— Та байдуже.

Але тепер уже всі троє напустили на себе машкару поліцейських чи хто там слідкує за порядками.

Дітлахи кинулися до під'їзду й перегородили мені шлях.

— Підбери! — звеліла Астрід.

— Ні, — відповів я.

— Підбери й віднеси у смітник! Не допущу, аби всяка бридота валялася під ногами.

— Ні! — уперся я на своєму.

— Та що ти завівся: ні, ні, ні... Тільки й чую твоє «ні». На щось інше не здатний?

— Здатний...

Астрід зітхнула й сказала, що я виводжу її з рівноваги. Вона шарпнула мене за футболку й потягнула назад. Та в мені наче завівся потайний механізм, спонукаючи до різних, взаємозаперечних учинків: накивати п'ятами, зацідити

Астрід під око або ж заревіти на всю околицю. Урешті-решт, я її послухався і підібрав кляту горошину. І відніс у смітник.

Мене нудило, живіт звело судомою. Однак горошину треба викинути, інакше Астрід, Аллан і Ґустав не відчепляться. Тієї миті, коли я підняв покришку контейнера, вкинув досередини горошину і вона тихо чвакнула в помиях, за спиною почулося глузливе хихотіння. Двері сміттєвої повітки захряснулися. Стало темно, наче вночі.

Я намагався відчинити двері, але зовні хтось їх тримав. Я чув, як дітлахи приволокли якийсь важкий предмет. Щось дзенькнуло, і двері зовсім перестали піддаватися натиску.

— Гарно розважитися! — крикнула Астрід, і діти втекли.

Я щосили гатив у двері: гуп, гуп, гуп.

— Поверніііііться! Вииииииипустіть мене! — волав я.

Але зовні панувала тиша. Крізь щілинку я бачив, що двері підперли важкою зеленою лавкою.

Тоді я сів на підлогу й заплакав. Нараз здалося, ніби до мене підкрався щур, обнюхав мої ступні. Я щодуху замолотив ногами й зарепетував на все горло. І знову розридався.

Минуло кілька годин. Надворі несамовито шкварило сонце, але ж не всередині... Я трусився всім тілом. Задок закляк від холоду, мов бетон.

Нарешті хтось пошарпав клямку дверей.

— Що за неподобство! — обурився хтось.

Я зірвався на ноги. Назовні щось дзвякнуло. Крізь шпаринку я побачив стареньку пані Квіст із третього поверху.

— Пані Квіст, допоможіть мені! Це я, Бенґт!

— Хто? — перепитала старенька й лупнула своїм ціпком по лавці, і знову почувся дзенькіт.

— Ми з вами — сусіди! Заберіть лавку, щоб я зміг вийти! — репетував я.

Пані Квіст пирхнула.

— Сам її притягнув, то сам і забирай! — прокрехтіла вона й, цокаючи ціпком, понесла свій пакет зі сміттям додому.

— Та то не я притягнув лавку, як же ви не розумієте... — запхинькав я, але стара вже мене не чула.

ПЕС

Минуло ще кілька годин. Уже не тільки мій задок, а всеньке тіло заклякло, наче бетон. І мозок — теж. Думати я не міг, міг лише мерзнути. Щурі мене більше не лякали. Та їх тут і не було. Астрід якась схибнута, дурепа дурна! Аллан із Ґуставом не ліпші! Хай би кудись під землю запропастилися! Ні, хай би я кудись запропастився! Так ліпше! Тоді на Землі було б на одного потворного товстуна менше. І мама не засмучувалась би, що має сина, з яким ніхто не хоче дружити.

Раптом — я вже майже засинав — з-під дверей долинуло якесь шкряботіння. Нарешті хтось забере лавку! Я звівся на ноги й постукав. На очі навернулися сльози — так мені стало себе шкода.

— Відчиніть! — закричав я щосили. — Відчиніть, будь ласка!

— Я намагаюся, — відповів хтось захекано.

Не пані Квіст.

Не Астрід, не Аллан і не Ґустав.

Хтось чужий.

За мить двері відчинилися.

За порогом стояв пес, у брудній, геть вицвілій футболці з довгими рукавами, яка сягала йому майже до колін. На лапах — капці з газет.

— Що ти тут робиш? — поцікавився він.

Я з переляку нічого не відповів. Собаки бувають ще небезпечнішими за щурів. Не всі, звичайно. Мама читала в газеті про собак, які облизують своїх господарів одним змахом язика.

Пес поставив позад себе торбу на коліщатах. То була така картата торба, з якими зазвичай ходять до крамниці старі тітоньки. Пес закотив її у повітку і відчинив покришку контейнера. Першою надибав усередині маленьку горошину. Узяв її двома брудними кігтями й уважно роздивився. Від вигляду тієї горошини мене обійняв такий смуток, що я не міг стримати сліз, які текли ручаями, аж щоки змокріли, мов хлющ.

— Якщо хочеш побути сам... — заговорив пес.

— Не хочу я бути сам! — заперечив я плаксивим голосом. — Це що, всім мізки в голові попереверталися?

— Як це? — невдоволено хмикнув пес.

— То ж не я підпер двері лавкою! Легко здогадатися!

— Та ясно, — погодився пес, кладучи горошину в торбу. — Може, тобі хтось із друзів допоміг?

— Ха! — реготнув я. — Ха-ха-ха-ахаха!

— Що тут такого веселого?

— Нічого! Немає на світі веселощів! І друзів я не маю, ані однісінького!

— Хіба треба через це сердитися на мене?

Я знову опустився на долівку. Задок болів і терпнув, але я не зважав. Не міг змусити себе встати. Зовсім не мав сили.

— Хочу померти, — пробурмотів я.

— Що?!

— Хочу померти! Сам винен!

— Та ну! — пес наче не повірив, подумав, що я жартую.

— Ага, сам винен, що такий бридкий. Якби не був бридкий, вони б так зі мною не поводилися. Не сипали б кукурудзяні пластівці в поштову шпарину, не вимазували б глиною моє велосипедне сідло і... не замикали б мене у смітнику.

— Хто — вони?

— Астрід, Аллан і Ґустав.

Пес мовчав. Довго дивився на мене. А потім заходився далі нишпорити у сміттєвому контейнері, визбируючи їстівні покидьки. Знайшов макарони й смажену картоплю, які я викинув, і запхав їх до торби. Потім ще вигріб підгнилий огірок і два коричневі помідори.

— Любиш помідори? — запитав він.

Я похитав головою.

— Я теж не люблю, — сказав пес і відклав їх назад у контейнер.

Я спостерігав за його пошуками. Ніс у нього був завбільшки з кавове горня. Сухий і сірий.

Вуха як вушка каструлі. Хутро брудного кольору. Почервонілі очі, хоч цілком такі собі гарні — жовті й круглі, мов автомобільні фари.

Здавалося, його цікавило лише сміття, а до мене було байдуже. Понишпоривши вдосталь, пес опустив покришку контейнера й промовив:

— Дивись, скажу тобі одну річ. Я все знаю про таких людей. Ну, таких, які знущаються і цькують інших.

— Справді?

Я обтер довгу шмарклю, яка звисала з носа, наче хробак.

Пес кивнув, а тоді розповів, що колись давно він мешкав у одній нічліжці. Нічліжка — то таке місце, де безхатьки можуть переночувати, з'їсти миску супу й помитися. Отож там мешкала ціла купа безхатьків, чоловіків та жінок, брудних, обідраних і беззубих. Та навіть попри це, вони вважали себе ліпшими за нього й лаяли його останніми словами. А один дядько на ім'я Гейккі горлав «СИДІТИ» і копняком відкидав його до стіни.

Пес просльозився від прикрих споминів. І також обтер шмарклі з носа.

— Туди я ніколи більше не повернуся! Але, знаєш, той Гейккі потім таки пошкодував.

— Направду?

— Так, — кивнув пес. — Пошкодував про всі свої вчинки.

— Тобто зрозумів, що був дурним і попросив вибачення? — запитав я.

Іноді мама переконувала мене, що одного дня Астрід, Аллан і Ґустав прийдуть до мене і скажуть: «Бенґте, тепер ми знаємо, як буває боляче від образ, пробач нам, будь ласка».

Пес зневажливо пирхнув.

— Пхе! Такому дурноголовому, як Гейккі подібне навіть на думку не спаде! Ні, він пошкодував інакше, — пес вибалушив очі, погляд став суперзагадковим.

Раптом від побачив на долівці пачку з-під морозива. Певно, вивалилася з контейнера, доки він у ньому нишпорив. Пес кинувся до пачки, відкрив кришечку. Там ще було трохи морозива. Хоча яке то вже морозиво! Воно розтануло й обернулося на юшку. Пес запопадливо вилизав усе до краплини. На рийці залишилися рештки рожевої пінки.

— Ти ніколи не їси звичайну їжу? — поцікавився я.

— Звичайну? Це ж яку? Горох і морозиво?

— Ну... так...

Пес витер рота рукавом футболки, зашнурував торбу, вийшов на сонце й подибав через подвір'я. Коліщата торби скрипіли за кожним кроком.

— Агов! — крикнув я.

Пес озирнувся.

— Ти ще не доказав свою історію!

— Яку ж?

— Та про того Гейккі! Чому він пошкодував? Що сталося?

Пес засміявся. Ніби сподівався, що я запитаю.

— Якщо підеш зі мною до мого дому, я тобі дещо покажу. Одну таємну річ.

Я наздогнав пса. Коли ми трохи відійшли, він потягнувся і сказав, що до його дому далеченько.

— Не біда... Здужаю. Одного разу я пройшов пішки весь шлях до маминої роботи та назад. А це шість кілометрів!

— А навіщо?

— Бо Астрід, Аллан і Ґустав відібрали в мене ключ від помешкання і закинули на балкон Ґрьонстедтам. А Ґрьонстедти на той час відпочивали в Анталії.

Пес фиркнув і похитав головою.

— Анталія... Живуть же люди!

ПОКАРАННЯ

Яґґер — так звали пса. Яґґер Свенсон. До його дому було не так уже й далеко. За десять хвилин ми прийшли на місце, зазирнувши дорогою ще в одну сміттєву повітку.

Що вам сказати... То не була домівка. Тобто не звична домівка, а іржавий, колись пофарбований у зелений колір контейнер. Він стояв біля містка над річкою і мав злиденний вигляд. Був схожий на сумного чотирикутного монстра. З одного боку звисало якесь брудне рядно, що слугувало накриттям замість даху. Земля навкруги всіяна сміттям: бляшанки, пляшки, масні пластикові пачки й огидні смужки використаного туалетного паперу. Річка, схожа в цьому місці на тонку коричневу кишку, мала повільну течію. Яґґер видерся на купу складених одна на одну дерев'яних палет, перекинув у контейнер спершу торбу на коліщатах, а потім заліз і сам.

— Заходь! — долинув ізсередини його голос.

Я заліз на палети, зістрибнув униз — гуп! — і роззирнувся.

Меблів тут не було. Лише купка складених картонних коробок, на яких Яґґер спав, відразний мотлох і старий дірявий спальний мішок, коричневий від грязюки.

Яґґер розповів, що він не мешкає тут постійно: переселяється коли й куди хоче. Тільки-но йому починає набридати, збирає свої манатки й мандрує далі. Йому так подобається.

Він простягнувся на картоні, зручно підмостивши під голову спальний мішок.

— А-а-ах! — задоволено крекнув він, як то буває, коли нарешті повертаєшся додому.

— Хіба тобі не хотілось би жити в квартирі? — запитав я.

— О ні, дякую красненько! — відповів Яґґер, скривившись, ніби його знудило.

Потім ми надовго замовкли. Яґґер наче сердився. Та за мить озвався:

— То що?

— Що — то що? — перепитав я.

— Ну, хочеш послухати?

— Про що?

— Та ж про Гейккі! Чому він пошкодував.

Пес підвівся, очі йому знову заблищали.

— А, про нього! Ясно, що хочу! — зрадів я.

Яґґер фиркнув. Він фиркав та фиркав, зрештою від того фиркання я відчув себе якось по-дурному. Нарешті пес почав свою розповідь.

Отже, було так. Гейккі страшенно дорожив однією річчю, а саме — шкіряною курткою. Її подарував йому син, з яким у нього склалися погані стосунки, відколи він став безхатьком. Майже щовечора Яґґер чув, як Гейккі хвалився, наскільки йому та куртка дорога. Більше за власне життя! Тієї ночі, коли Яґґер вирішив покинути нічліжку, він прокрався до лежанки Гейккі й поцупив куртку!

Яґґер глянув на мене великими, округленими очима.

— Поцупив? — перепитав я.

— Звісно! А щоб знав! Такою була моя кара!

Від слова «кара» все моє тіло мовби набубнявіло. Стало страшно й приємно водночас.

Яґґер розгорнув свою торбу й заходився випаковувати з неї старі недоїдки. Хліб, спагеті, ледь підгнилі перчини й картоплини, макарони й рештки печінкового паштету. А ще горошину і багато всілякої всячини. На самому споді лежала шкіряна куртка. Вона захрумкотіла, коли

Яґґер її виймав. Звісно ж, куртка стала трохи бридкенькою, але видно було, що вона цілком нова. Підкладка — червона, мов кров.

Яґґер страх як боявся, що якогось дня Гейккі його розшукає і заб'є до смерті. Бо в Гейккі були проблеми з алкоголем. Іноді він душком випивав цілу пляшку й ставав дурним на голову. Одного разу, наприклад, ледь не поламав руки поліцейським, які всього лиш поцікавилися, як він почувається.

Яґґер довго стояв, мовчки тримаючи куртку в лапах. Примружившись розглядав її. Ніби сердився на неї або ненавидів. А потім потягнувся і промовив:

— Треба приміряти...

Пес довго вовтузився, коли натягав на себе куртку. Вона була на нього завелика, але то дурниця.

Яґґер трохи пройшовся туди й сюди, хвацько випинаючи груди, мовби якийсь жевжик із фільму.

— Можна й мені приміряти? — попросив я.

— Та ясно!

Я одягнув куртку, запхав руки в кишені й так само хвацько пройшовся, як перед тим Яґґер.

— Тепер моя черга, — сказав пес.

Забрав у мене куртку, одягнувся, запхав лапи в кишені, пройшовся туди й сюди, а тоді раптом зупинився і вигукнув: «Сервус!».

— А тепер я!

Мені теж кортіло випробувати, як то — задерикувато вітатися «Сервус!». Потім Яґґер знову захотів покрасуватися в куртці. А пізніше нам спало на думку, що треба ще трохи потренуватися: покопати ногами й помахати кулаками. Нам було страшенно весело, ми стільки разів викрикували «сервус», що й незчулися, як минула година чи більше.

А коли знову надійшла моя черга перевдягатися, я трохи повикаблучувався і рявкнув: «СЕРВУС!», а тоді раптом скомандував: «СИДІТИ!».

Яґґер ураз наче скам'янів.

— Перестань! Таким не жартують, — образився він.

— Та ми ж граємося!

— Так гратися не годиться!

Між нами запала прикра мовчанка. Яґґер забажав сховати куртку назад у торбу. Я зняв її і віддав Яґґерові. Пес запхав куртку на саме дно, зверху висипав розквецяні недоїдки і вмостився на картонних пачках.

— Ти мене засмутив, розумієш? — промовив він.

— Вибач! Я більше не командуватиму «сидіти», обіцяю!

— Не в цьому річ!

— А... а в чому ж тоді?

— У тій твоїй нікчемній балаканині про життя у квартирі. Ти такий, як усі!

— Ні, не такий!

— Такий! А я тобі скажу! Скажу! Я ненавиджу квартири! Ненавиджу понад усе на світі! Ті, хто мешкають у квартирах, дурні на всю голову!

— Я ж також мешкаю у квартирі!

— Бідака! — пирхнув Яґґер.

Я трохи розсердився. Звісно, у нашому помешканні немає нічого надзвичайного, і все ж. А він сам? Ніде не живе! Принаймні ніде не має постійного притулку.

— То ти бідака! — вибухнув я.

— Ні, ти бідака! — відгризнувся Яґґер.

— Ні, ти!

— Ні, ти!

— Ні, ти!

— Ну, добре, добре, — зітхнув Яґґер. — Хоча бідака таки ти!

— У кожному разі, я не сплю на картонних пачках, — знайшовся я на аргумент.

— Ла-ла-ла-ла-ла! — заверещав Яґґер, затуливши вуха лапами, а тоді зневажливо чмихнув і сказав: — Є й такі, хто вважає, що спати на картоні круто!

— Це ж хто?

Яґґер довго дивився кудись убік, доки нарешті буркнув:

— Іди вже собі!

І я пішов.

Обіцянка

Я почувався по-дурному. Не знаю чому. Певно, тому, що Яґґер поводився якось прибацано, мов мала вередлива дитина, вуха затуляв і всяке таке. Сам же запросив мене в гості!

Однак він був не лише прибацаний, але й дуже милий. Так весело було гратися у перевдягання! А найприкріше, що гра урвалася на найприємнішому місці.

Земля біля річки була пересохлою, потрісканою і водночас багнистою. Сама річка смерділа каналізацією. Може, то й були стічні води? Вище, на пагорбку, я озирнувся, глянув на контейнер. Він мав дуже самотній вигляд.

Удома, на подвір'ї, дітей не було. Осторонь стояв смітник. Смітник як смітник, нічого особливого. Ніхто й запідозрити не міг би, як страшно усередині, якщо тебе замкнули там на кілька годин.

З будинку долинали приємні пахощі, хтось щось смажив. Вікна повідчинювані: це означало, що мами й тати вдома.

Наше помешкання мало такий вигляд: спершу передпокій із вішаками. Просто попереду — кухня з шафками із червоними дверцятками й білою лампою. Якщо з передпокою звернути ліворуч, потрапиш у вітальню. Посередині стояв великий стіл, за яким ми сиділи, коли до нас приходили гості. Але гостей у нас майже не бувало. Ще у вітальні стояв диван, ось на ньому ми часто сиділи й дивилися телевізор. Поруч із вітальнею — спальня тата й мами. З іншого боку від кухні — моя кімната. Там у мене була ціла купа різних штукенцій: руки монстрів на Геловін, настільна гра з привидами, скелет, який світиться, скарбничка у вигляді автомобіля, пістолети й всяке таке інше.

Мама з татом приготували рибу. Стіл уже накритий. Ми сіли вечеряти, мама поклала собі трохи риби, усміхнулася й запитала:

— Як минув день?

Вона постійно так запитувала. Вона або тато. Зазвичай перебільшено бадьорими голосами. Ніби сподівалися, що одного дня я раптом скажу, ніби день минув прекрасно, я набавився

донесхочу з іншими дітьми і в моєму житті все нарешті налагодилося. Іноді здавалося, що отією награною веселістю батьки намагалися мене обдурити, начеб у моєму житті все пречудово.

Моя відповідь завжди була одна й та ж: нормально. Я так казав, хоча Астрід, Аллан і Ґустав вимазували моє велосипедне сідло глиною. Якби розповів правду, мама пошпортала б виделкою у тарілці, а потім усю вечерю не зводила би з мене співчутливого погляду.

Та, бувало, батьки про все здогадувалися. Наприклад тоді, як мама дала мені свій ключ від помешкання, бо мій валявся на балконі у сусідів. Або ж коли тато вимітав кукурудзяні пластівці з-під килимка під дверима.

Я поклав собі на тарілку трохи броколі й три картоплини. Розмірковував, що ж сказати: нічого не робив чи познайомився із собакою? За мить відповів:

— Нормально. Познайомився із псом.

Мама з татом відклали свої ножі й виделки.

— Он як? — здивувалася мама.

— Ага, — пробурмотів я.

— Що за пес?

— Та... просто пес.

— Скільки йому років?

— Не знаю.

— Такий, як ти, чи старший?

— Думаю, старший.

— Отже, дорослий?

— Та... не знаю напевне.

— Він був п'яний? — втрутився тато.

— Нє... не думаю.

Мама і тато далі розпитували, хотіли знати, якої породи собака. Я сказав, що у нього світло-брунатне хутро й вуха, схожі на вушка каструлі, але їх цікавило не це. Вони випитували, де ми познайомилися, і я сказав про сміттєву повітку. Потім вони запитали, що пес робив на смітнику, і я відповів, що він нишпорив у контейнері. І тоді тато з мамою зрозуміли, що то був за пес.

— Як він знову з'явиться, краще не розмовляй з ним, — мовив тато.

— Чому?

— Ніколи не знаєш, чого від такого можна сподіватися, — сказала мама.

Ми взялися за вечерю. Але згодом тато знову озвався:

— Пам'ятаєш, як минулого літа на подвір'ї з'явилася ціла купа собак-волоцюг — сиділи, витріщалися на всіх і пили вино?

— Нєа-а.

Про собак я, напевно, забув.

Зате тато добре пам'ятав, бо вони з Аллановим батьком прогнали їх із двору.

— Навіщо?

Тато сказав, що заради дітей. Їм не хотілося, щоб ті дикуни вешталися серед нас, — ніколи не відомо, що їм до голови встрелить. Коли їх випроваджували з двору, вони лаялися бридкими словами, навіть обізвали Алланового тата старим кнуром.

— Яґґер не такий, — вступився я за друга.

Тато з мамою знову відклали свої прибори.

— Це його ім'я?

Я знизав плечима.

— Ну, так.

Мама наморщила чоло.

— А своє ім'я ти йому назвав? — запитала вона.

— Гм... не пригадую, — пробурмотів я, уважно розглядаючи броколі на тарілці. — У будь-якому разі, він не з тих, хто лається брудними словами.

— Звідки тобі знати! Мусиш пообіцяти, що більше ніколи не розмовлятимеш з ним при зустрічі.

Я роздушив виделкою броколі, аж вона розквацялася по тарілці.

— Бенґте! Пообіцяй!

— Так-так, обіцяю.

Мама глибоко зітхнула. Ще трохи подзьобала виделкою у тарілці й знову повеселіла. Трішечки повеселіла, як то завжди буває у таких випадках. Погладила мене по щоці.

— Ти міг би спробувати поспілкуватися з Алланом та іншими дітьми, замість нишпорити по смітниках, — промовила вона.

Я промовчав. Задивився на сосну за вікном, на лавку й карусель на подвір'ї.

Доки я дивився, тато з мамою продовжили розмову про волоцюг, які внадилися на наше подвір'я минулого літа і яких татові вдвох з Аллановим батьком пощастило спровадити геть.

— Пригадуєш, — сказав тато, швидко працюючи щелепами, — один із тих псів мав запінені кутики рота?

Нє-є-є, мама такого не пам'ятала.

А тато сказав, що все пам'ятає так, ніби це було вчора. Тоді мама сказала: ага, ага, певно, так і було.

Щур

Наступного дня дощило. Краплини були крихітні й колючі, мов голки. Погода саме для мене. У такий час решта дітей навіть носа не потикала з дому. Я вдягав дощовик і виходив надвір. Міг безборонно кружляти на каруселі чи гойдатися. Відчуття таке, ніби я сам-самісінький на світі.

Прокружлявши сім кіл, я вже не був переконаний, що самотність — наймиліша річ. І тоді, без спонуки, ноги самі повели мене до річки. Дійшовши до паркана, ноги трохи постояли: то були пофарбовані в зелений колір штахетини й сталева сітка. Ноги повернули ліворуч і рушили далі. Кеди промокли.

За якийсь час ноги дійшли до місця, де можна було перелізти через паркан. Вони пройшли ще трохи й ще трохи, доки земля стала глевкою і засміченою. Ноги дочовгали до Яґґерового контейнера.

Я виліз на дощані палети й зазирнув досередини. Яґґера не було. Картонні пачки розповзлися від дощу. Торба на коліщатах зникла.

Мене враз як морозом по спині обсипало, стало моторошно й мерзько на душі. Яґґер переселився. Я це знав! Він же казав: щойно йому обридне, згребе своє манаття й подасться деінде. І навіщо я наплів йому про життя у квартирі.

Сльози покотилися по щоках. Дивно, хіба ні? Я ж його зовсім не знав. Та що довше я думав, то більше впевнювався, що квартири й усілякі блага — то дурня.

Може, і справді життя у контейнері прекрасне! Принаймні немає придуркуватих сусідів, котрі напихають кукурудзяні пластівці у поштову шпарину. Сльози вже котилися горохом. Я сидів на палетах і ридав так, аж плечі стрясалися. Раптом за спиною почувся чийсь голос:

— Чого ревеш?

Я озирнувся. То був Яґґер! З торбою на коліщатах. Футболка мокра, мов хлющ, хутро — також. Газетні капці розмокли на кашу.

Я витер сльози і встав. Хотів сказати щось приємне, але не спромігся і на слово. Довго стояв, витріщаючись на нього, а він дивився кудись убік. З неба цяпотіли тисячі мільйонів краплин.

— Я думав, ти кудись переселився, — нарешті промовив я.

— Та нє, — відповів Яґґер.

— Ага... — я намагався не виказувати своєї радості.

Ми надовго замовкли.

— Побачимо, може, й переселюся скоро.

— А чи треба?

Стенувши плечима, пес понуро втупився собі під лапи.

— Куди?

— В Анталію.

— Правда?

— Яка там правда! Ясно, що ні! Ти що, дурний? — хмикнув Яґґер.

— Вибач...

Ми знову замовкли. Яґґер розчахнув свою торбу. Видно, ходив по смітниках. Цього разу вийняв коричневий банан. Обчистив його і з'їв, незважаючи на шалений дощ. Шкуринку викинув у річку й уважно глянув на мене своїми великими

жовтими, мов ліхтарики, очима. Його очі нагадували далекі-далекі сонця або планети. Мені аж трохи паморочилося в голові, коли я довго в них дивився.

— Скільки тобі років? — запитав я.

— Не знаю.

— Не знаєш???

— Нєа... Навіть не знаю, хто моя мама.

— Як можна такого не знати?

Яґґер пересмикнув плечима.

— Вона покинула мене на сходах, коли я був ще зовсім малий. У картонній пачці, на тонкій підстилці. І трохи собачого корму залишила.

— Як жахливо!

Яґґер кивнув.

— Я так боявся, що, доки мене знайшли, запаскудив усю пачку.

Він вийняв із торби ще один банан. Їв і розповідав далі.

Потім Яґґер потрапив до рук соціальної служби, поміняв купу прийомних родин, але всі хотіли лиш одного: щоб він чемно поводився і допомагав прибирати в хаті. Яґґер уже тоді знав, що до прибирання не надається, йому відразу ставало млосно. Здавалось, усі помешкання, до котрих він потрапляв, хотіли його позбутися, виплюнути із себе. Тож одного дня він утік. Жити на вулиці точно ліпше, ніж у прийомній родині, сказав він. І в десять тисяч разів ліпше, аніж жити у притулку для безхатьків.

Яґґер замовк із повним ротом, напханим бананом. Просто стояв, задивившись кудись поперед себе. Жував і жував, банан ніби не вміщався у його пащі. Я навіть подумав, що ось зараз він заплаче. Натомість Яґґер виплюнув банан і обтер рота рукавом.

— Ха-ха-ха! — реготнув він, раптом набундючившись.

— Що таке?

— Ха-ха-ха!

— Що такого смішного?

Яґґер видерся на палети й зістрибнув у контейнер. Я — за ним. Яґґер тицьнув на купу картонних пачок.

— Он, дивись!

Я підійшов ближче. На картонках лежав щур. Раніше його там не було.

— Лежить собі любенько від учорашнього вечора. Йому тут затишно! Я намагався розбудити, але він не хоче вставати — так йому добре на картонній підстилці! То що тепер скажеш?

— Щурик мертвий, — сказав я.

— Що?

Яґґер присів навпочіпки. Простягнув лапу. Торкнувся щура. Той не рухався. Тоді він узяв поламану пластикову виделку, підважив нею тваринку й перевернув на спину. Показався маленький плаский животик, маленькі вуса і дрібні білі зубки. І хвіст. Сумно було дивитися на мертву тваринку, яка здавалася цілком живою.

Ми довго сиділи, розглядаючи трупик, потім я наважився поштурхати його. Звірик був гладенький і м'якенький, м'якіший за котика чи бавовну.

Ми засперечалися, що вчинити зі щуром. Як виявилось, існувало три варіанти:

Можна його поховати.

Можна його з'їсти (побажання Яґґера).

Можна влаштувати якісь збитки.

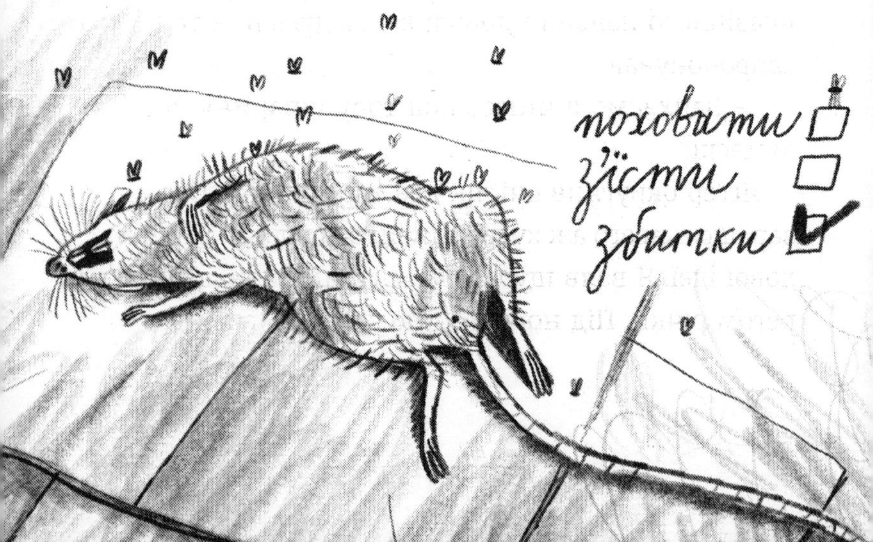

НОВИЙ ОДЯГ

Ми зупинилися на збитках. Ні миті не сумнівалися, що саме учворимо. Може, трохи дивно, бо мені самому ніколи не спадали на думку *такі* витівки, але вдвох із Яґґером усе видавалося цілком прийнятним. Ми мали намір декому *помститися.*

Але як? Коли Яґґер захотів покарати Гейккі, він поцупив найгарніше, що той мав. Та щур анітрохи не був гарним, і ніхто ним не дорожив. Треба було вигадати щось інше. Я гриз ніготь вказівного пальця і доволі довго думав, а тоді запропонував:

— Запхаємо в чиюсь поштову шпарину, як думаєш?

Яґґер округлив очі, як два тарельчики. Сказав, що в нього аж хутро здибилося від такої чудової ідеї. Я взяв щура, і ми рушили понад берегом річки. Під ногами було слизько, але нам пощастило не гепнутися. Потім ми швиденько, крадучись, перебігали тротуари й дороги, моріжки й клумби.

— Тільки б нас ніхто не зловив на гарячому, — схвильовано промовив я.

Яґґер кивнув.

— Треба роздобути охайніший одяг, щоб ніхто не здогадався, хто ми насправді, — сказав він.

— Хитро! Можемо підібрати щось у мене.

— Окей!

Підійшовши до мого будинку, ми спинилися на куті. Дощ заливав очі, доводилося весь час моргати. Подвір'я — мокре й порожнє. Повсюди величезні калюжі, схожі на темних пласких живих істот.

Ми покрутили головами праворуч і ліворуч, покрутили на всі боки й побігли до під'їзду.

Там було холодно. Висів запах чогось смаженого — котлет абощо, але, мабуть, ще вчорашніх. Я страшенно хвилювався. Бо ж пообіцяв мамі ніколи не заводити балачок з Яґґером і ось щойно порушив обіцянку. Та надто вже кортіло запхати щура комусь у поштову шпарину на дверях! Так кортіло, аж п'яти пекли!

Яґґер притиснувся спиною до стіни і так і перебіг до ліфта. Трохи понюшкував його двері, а тоді вирішив підніматися сходами — сказав, що скрадатися значно прикольніше.

Діставшись нашого помешкання, я вийняв із кишені ключ і відімкнув двері. Яґґер майже відразу заходився нишпорити по хаті, лаючи її на всі заставки. Повітря йому, бачте, надто сперте, стіни надто тісні, а фіранки на кухні мовби волають — «поперіть нас!».

— Пошукаймо ліпше якийсь одяг, — запропонував я.

Яґґер мене й не слухав. Поглузував із порцелянового песика у вітальні: йому він видався схожим на дурного цапа.

Я пішов до своєї кімнати. Там стояв комод із трьома шухлядами, де лежало чимало одягу. Я понишпорив серед кальсонів, футболок, колгот та всякого іншого, не знаючи до пуття, що саме шукав. Знайшов ковбойський капелюх зі справжнього пластику.

— Яґґере! — покликав я.

Пес не відгукнувся.

Я залишив капелюх і зазирнув до вітальні. Там Яґґера вже не було. Лише сумовитий дурний цап. Яґґера я знайшов у спальні. Він сидів на ліжку із квітастою футболкою в лапах. То була мамина футболка. Собака зарився у неї носом і задоволено нюхав тканину.

— Яґґере!

З несподіванки пес підстрибнув. Його очі блищали. Він притьмом віджбурнув від себе футболку, виправдовуючись, ніби просто хотів випробувати, чи не занадто м'який матрац, і він таки зам'який. У нього, бачте, болить спина від спання в таких м'яких ліжках.

— Слухай! — сказав я.

— Гм?

— Я маю ковбойський капелюх.

— Що?

— Ковбойський капелюх. Підходить?

Яґґер наморщив ніс.

— Анітрохи...

Він встав із ліжка і взявся ходити туди й сюди спальнею, жваво жестикулюючи.

— Це має бути крутий одяг! Крутий чорний одяг! І темні окуляри, щоб нас ніхто не впізнав!

— Ага! — я вмить збагнув, що в нього на думці, і обережно запитав: — Не шкірянка?

Яґґер знову наморщив ніс. Він і чути більше не хотів про шкіряну куртку. Красно дякую! Пес заліз у татову шафу й заходився перебирати одяг. За якийсь час витягнув чорний плащ.

— Ось це! — вигукнув він і приміряв знахідку. — Неперевершено! Можна його взяти?

Я трохи подумав. Тато ніколи не вдягав того плаща. Принаймні я ніколи не бачив тата в ньому. Це означало, що плащ йому не подобався.

— Ну... Можна, мабуть.

Яґґер страшенно зрадів і почав шукати щось для мене. Але крутих одягачок у шафі більше не було — лише коричневі светри з капюшонами.

Яґґер сказав, що коричневий — це майже чорний, тому, якщо хочу, можу собі взяти один із них.

— Лише знайду темні окуляри, — сказав я.

— Добра думка, — похвалив Яґґер.

На полиці в передпокої лежало три пари темних окулярів: коричневі (татові), зі стразами (мамині) і блакитні (мої). Яґґер узяв собі зі стразами, я — блакитні.

Потім ми милувалися собою у дзеркалі. Вигляд мали шалено крутецький. Яґґерові розмоклі паперові капці трохи псували картину, але я нічого на те не сказав.

Яґґер стояв перед дзеркалом, пахкаючи уявною сигарою.

— Сервус! — кивнув він зверхньо, вдаючи ніби затягується.

— Сервус! — підхопив і я.

Яґґер ще трохи «покурив» із квасною, зверхньою міною і скомандував:

— Уперед!

— Уперед! — кивнув я.

Та враз ми згадали, що не взяли щура. Кинулися до моєї кімнати. Щур лежав на ліжку. Яґґер запхав його в кишеню плаща. Сказав, що вчуває трупний запах.

Сервус!

Ми вже рушили до передпокою, як Яґґер ледь не присвиснув.

— Ось що нам потрібно! — вигукнув він. — Вони нам круто пасуватимуть!

Він мав на увазі мої пістолети.

— Так! — зрадів я, беручи їх з полиці.

Розкажу вам кількома словами про ті пістолі. Один був зелений із фіолетовим дулом і тріщиною на самому руків'ї, а другий — сріблясто-блакитний із написом на боці «ЛАЗЕР». Коли вони були новими, то видавали специфічні звуки, якщо натиснути на кнопки. Однак тепер батарейки сіли, а мама постійно забувала купити нові.

Яґґер почав цілитися у різні предмети.

— Пах! Пах! — примовляв він.

Пес обрав собі зелений пістолет, я — сріблясто-блакитний, і ми вийшли в передпокій. Яґґер узявся лапою за клямку дверей.

— Де мешкають ті дурнуваті дітиська? — запитав він.

— Астрід — на п'ятому поверсі, Аллан — на третьому, Ґустав — тут, на другому, стіною до стіни з нашим помешканням.

— То що, почнемо з Ґустава?

— Ну... Маю ліпшу ідею!

ПЕРША ПОМСТА

Я розповів Яґґерові, що Астрід ненавидить щурів.

— Класна ідея, правда? Покараємо спершу її!

Так, Яґґерові ідея сподобалася. Він поцікавився, який у Астрід тато — слабак чи здоров'як. Я відповів, що він дуже сильний.

Яґґер підняв угору пістолет і прослизнув на сходи, а я — за ним. Я страшенно нервувався, корчило живіт, із чола лився піт.

Ми піднялися на третій поверх. Далі — на четвертий. Там зупинились і подивились один на одного через темні окуляри. Яґґер намацав у кишені щура — чи, бува, ніде не подівся.

— Агов, послухай! — окликнув я пса. — Її тата точно немає вдома. Він на роботі!

— Прекрасно! — прошепотів Яґґер.

— Зате вдома є мама. І маленька сестричка. Ще зовсім немовля.

Яґґер кивнув.

— Якщо нас застукають, треба втікати, — зауважив він. — Побіжимо до мене. Сподіваюся, ти добре бігаєш?

— Та ніби непогано, — відповів я тремтливим голосом.

Потім ми крадькома вийшли на п'ятий поверх. Я показав на двері помешкання Астрід. Яґґер стрілою метнувся до них. Я теж. Він глянув ліворуч, глянув праворуч, а потім ще глянув на всі боки. Тоді вийняв із кишені щура й запхав його в поштову шпарину.

Бамц! — щур із глухим звуком гепнув на підлогу в передпокої.

Яґґер спробував вийняти лапу, але марно.

— Я застряг! — пискнув він.

— Тягни сильніше! — порадив я.

Пес тягнув щосили. За кожною спробою покришка над шпариною голосно дзенькала.

— Не можу! — вискнув він, охоплений панікою.

— Здається, принесли пошту! — почувся голос із-за дверей.

То була мама Астрід.

— Мені капець! — злякано прошепотів Яґґер.

— Ану я спробую, — кинувся я на допомогу.

— Піди поглянь, що там! — крикнула мама Астрід.

— Не можу! — відгукнулася дівчинка.

Чутно було, як мама дорікала доньці, що та ніколи їй не допомагає. Ще й немовля зригнуло кашу й вивазюкало весь стіл, то хай би Астрід хоч допомогла прибрати.

— Добре, вже йду! — крикнула дівчинка.

І саме тієї миті мені пощастило витягнути зі щілини Яґґерову лапу.

— Біжімо! — шепнув я.

І ми побігли.

Так я ще ніколи в житті не бігав. Коли майже спустилися на четвертий поверх, згори долинув вереск:

— А-а-а-а-а-а!!!!!

Астрід побачила щура! Тоді ми побігли іще швидше, але на третьому поверсі з лапи Яґґера злетів газетний капець — він зашпортався і гримнув додолу, здійнявши шалений гуркіт!

Яґґер качався по підлозі, затискаючи рота лапою, щоб не було чути, як голосно він скавулить.

— Вставай! — прошепотів я, намагаючись його підняти.

— Я вдарився! Я не можу йти! — вив Яґґер.

Хтось нагорі відчинив двері.

— Хто це тут бешкетує?! — закричала мама Астрід.

Вона теж побачила щура. І невдовзі побачить нас, якщо ми негайно не накиваємо п'ятами.

— Вставай, будь ласочка! — умовляв я пса.

Яґґер ухопився за мої плечі й натужно підвівся, але через біль не міг ступити на лапу.

Кроки Астрідиної мами наближалися.

— Не встигнемо! — прошепотів я. — Треба заховатися!

Сходи в під'їзді закручувалися спіраллю. На кожному поверсі був маленький закапелок під сходами. Я забився туди. Яґґер — за мною. Ми ледь встигли сховатись, як повз нас протупотіли Астрід та її мама. Немовля заходилося плачем.

— Почекай на мене! — крикнула Астрід.

Я навіть дихати не наважувався.

Астрід із мамою пробігли повз нас, не зазирнувши під сходи. Вони промчали другий поверх, спустилися на перший, і все стихнуло. Я видихнув, а Яґґер відважився трохи поплакати.

Та вже за мить знову почулися кроки! Немовля більше не репетувало, лише пхикало.

— От дідько, хто вчинив таке свинство? — почувся голос мами.

— Не інакше як Бенґт, — відповіла Астрід.

Ми з Яґґером вибалушили очі й перезирнулися. Пес міцніше стиснув пістоль.

Мама нічого не сказала. Лишень хмикнула.

— Я тобі точно кажу, — наполягала донька.

Мама знову хмикнула. Немовля пробелькотіло: «Бу-у!».

— Мусиш поговорити з батьками Бенґта, — не вгавала Астрід.

— Та це могли бути й витівки Аллана чи Ґустава, — невпевнено заперечила мама Астрід.

— Та нє-є! Вони ж мої друзі!

Мама скрушно зітхнула.

— Ти ж розумієш, що я не можу отак просто подзвонити в двері Бенґтових батьків і звинувачувати їхнього сина, мовляв, він підкинув нам дохлого щура.

— Чому не можеш? — здивувалась Астрід.

— Не можу й усе.

— Але чому?

Немовля знову розплакалося.

— Бач, що стається від твоїх вересків? Ходімо, треба прибрати те неподобство!

Коли вони знову проходили повз нашу схованку, Астрід раптом запитала:

— А це що таке?

— Схоже на газету.

Яґґер глянув на свою лапу — вони знайшли його капець.

— Чому вона така мокра?

— Хтозна... Надворі дощ, — зітхнула мама. — Ходімо!

Немовля верещало без упину.

І вони рушили нагору. Нарешті ми почули, як на п'ятому поверсі за ними зачинилися двері.

— А тепер утікаймо! — прошепотів я.

Ми вилізли із закапелка й тишком почали спускатися. Яґґер стрибав на одній нозі, наче бравий солдат. Унизу обперся спиною до стіни і, як професійний шпигун, посунув уздовж неї. Я наслідував його приклад — так ніхто не міг побачити нас із вікна.

Дощ уже не лив, лише потроху моросив, схожий на сіру мокру мряку. Яґґер глянув ліворуч, потім — праворуч, потім — на всі боки.

— Готовий? — шепнув він.

— Готовий!

І ми побігли. Мчали через калюжі на асфальті, через зелені моріжки, через клумби й кущі. Що далі ми віддалялися від дому, то голосніше реготали. О, як ми сміялися, верещали й галасували! Навіть діставшись Яґґерової домівки, ніяк не могли вгамуватися: сміялися, верещали й галасували! Потім ми сиділи на картонних пачках і важко відсапувались. Яґґер глянув на мене своїми круглими жовтими очицями.

— Про нашу витівку нікому ані слова, — промовив він.

— Нікому! — запевнив я.

— Хто бовкне зайве, той зрадник.

— Так, той зрадник...

БОЖЕВІЛЬНИЙ ПОШТАР

Надвечір знову розпогодилося. Була п'ятниця, тому тато й мама забажали повечеряти на балконі. На вечерю приготували свинячу печеню. Вечірнє сонце виблискувало в кожній дощовій краплині на поручнях балкона.

Раптом у помешканні Ґустава відчинилися двері на балкон. Певно, і його родина вирішила повечеряти на свіжому повітрі.

— Привіт-привіт! — привіталася Ґуставова мама надміру веселим голосом і сіла за столик з тарілкою.

— Привіт! — так само надміру привітним голосом відповіла моя мама.

Наші тати ввічливо кивнули один одному. А ми з Ґуставом мовчали, немовби води в рот набрали.

— Ого, ви теж надумали повечеряти на балконі? — запитала Ґуставова мама.

— Так, захотілося поїсти на свіжому повітрі, — відповіла моя мама.

Потім ми їли. Мами весь час надміру весело сміялись, однак не дуже мали про що розмовляти. Трохи кумедно, бо балкони розташовувалися зовсім упритул один від одного. Зрештою мама Ґустава сказала:

— Ви чули? Хтось запхав дохлого щура в поштову шпарину помешкання Астрід?

— Та ви що?! — аж роззявила рота моя мама, і звідти ледь не випав шматок картоплини.

— Та ну! Певно, сам заліз! — втрутився тато.

— Нє-є-є! — заперечила мама Ґустава. — Він давно був дохлий. Уже й засмердівся...

Видно, по обіді вона перестріла на сходах маму Астрід і почула від неї жахливу історію.

— Сморід неймовірний, — додала мама Ґустава.

— Яка гидота! — похитав головою мій тато.

Тієї миті з балкона поверхом вище перехилилася мама Аллана.

— Ми теж про це чули! — крикнула вона. — Хіба ж не свинство?!

Мама Ґустава щосили витягнула шию, щоб бачити маму Аллана, бо Алланoвий балкон розташовувався просто над Ґуставовим.

— Привіт-привіт! — гукнула вона.

Мама Аллана помахала у відповідь виделкою. Їхня родина теж вечеряла на балконі.

— Невже не можна поїсти в тиші й спокої? — озвався втомленим голосом тато Ґустава.

— У нього аж голова відвалилася, коли його підчепили совком! — крикнула зверху Алланова мама.

— Фу! — скривилася моя мама й відклала набік виделку з ножем. — Які ж це мерзотники чинять такі неподобства?

— Астрід каже, що то Бенґт, — озвався Ґустав.

— Нісенітниці! — обурилася мама Ґустава.

— Астрід так сказала, не я, — буркнув Ґустав і люто зиркнув на мене.

Тато Ґустава тицьнув ножем у сина й цілком спокійно промовив:

— Бенґт — чемний хлопчик! Нащо йому таке вчиняти?

— Я так само сказала Алланові! — репетувала згори Алланова мама. — Бенґт дуже порядна дитина!

Моя мама зашарілася, наче запечена свинка. Вона засяяла найщирішою усмішкою, на яку лише була здатна, мовби кажучи: «Ой, дякую на доброму слові!». Але ми з Ґуставом затято мовчали.

Алланова руда чуприна спалахнула над балконними поручнями на третьому поверсі.

— Привіт, Ґуставе! — крикнув він.

— Привіт! — Ґустав витягнув шию і задер голову.

— Треба з усіма дітьми вітатися, — зауважила Алланова мама — голосно, щоб усі чули.

Тоді Аллан зиркнув на мене з квасною міною і буркнув:

— Привіт!

— Привіт! — неохоче відповів я.

Моя мама всміхнулася, і Алланова мама теж всміхнулася, і Ґустава мама всміхнулася. Віддалік, на сосні, заскрекотала сорока.

Трохи розповім, як решта мам і татів ставилися до мене. Цілком приязно. Хоча й здавалося, що при зустрічі вони не знали, що казати. Іноді віталися зі мною неприродно-радісними голосами: «Привіт-привіт!» або «Геллоу, Бенґте!». А ще вони ніколи й словом не згадували, як з мене глумляться їхні діточки — Астрід, Аллан і Ґустав. Хоча чудово про все знали.

Одного разу я бачив, як Алланова мама спостерігала з вікна за змаганням, хто влучніше плюне на мої черевики. Коли дітиська загилили в річку мій футбольний м'яч, тати Астрід й Аллана міняли у дворі автомобільні покришки із зимових на літні. Вони спробували його виловити, але їм це не вдалося, тож вони просто сказали, що таке буває, коли необачно жбурляєш м'яч у річку.

Звичайно, вони могли вирахувати, що саме я підкинув щура Астрід, бо знали: мені було за що мститися. Але якщо вдавали раніше, наче нічого не сталося, то зараз уже пізно було починати з'ясовувати що й до чого.

— Мені здається, Астрід щось казала про газету, яку вона знайшла на сходах? — запитав тато Ґустава з повним ротом.

— До чого тут це? — буркнула мама Ґустава таким тоном, наче її сердили якісь пустопорожні питаннячка тата.

— Ну-у... може, її кинув поштар?

Мій тато засміявся, бо зрозумів, що тато Ґустава просто хотів усіх розвеселити. Тати почали жартувати про «божевільного поштаря», який ходив собі від будинку до будинку й підкидав мешканцям дохлих щурів, бо йому погано жилося на світі. Адже поштарями працювали лише люди з бідних країн або пияки.

— Уявляєш, як це: постійно вставати о третій ночі, — сказав тато Ґустава, ретельно пережовуючи їжу. У його роті було добре видно кашу з м'яса, перемішаного з вершковою підливкою. — Тягати газети до світання. Тут недовго й збожеволіти!

— Усе трапилося серед білого дня, — зітхнула мама Ґустава, не розуміючи, що то такий жарт.

— Привіт вам згори! — крикнув хтось із п'ятого поверху.

То була мама Астрід.

Мама Ґустава ще далі витягнула шию.

— Агов! Привіт! Як спраааави?

— Нормааально! — крикнула мама Астрід.

— Ми саме говорили про отого щура! — репетувала мама Ґустава.

— Фе-е! — вигукнула мама Астрід і, як мені здалося, кинула на мене недобрий погляд, але стверджувати, звісно, важко.

— Жахливо! — погодилася моя мама.

— Еге ж, отак собі кинути дохлятину в чиєсь помешкання! — крикнула мама Астрід. — Ми тут вечеряємо на балконі. Я тільки хотіла привітатися!

Раптом із-за столу підвівся Ґустав і перегнувся через поруччя.

— Астрід! — гукнув він.

— Що?

За якийсь час скрипнув стілець, і той скрип пронизав відлунням бетонні стіни будинку.

— Вийдеш потім погуляти?

— Уже пів на восьму! — озвалася мама Астрід. — Надто пізно гуляти!

— А завтра? Зможеш? — гукнув Ґустав.

— Так! — крикнула Астрід.

— І я зможу! — крикнув Аллан.

— Добре! — крикнув Ґустав.

Тут кахикнула мама Ґустава. Довгу-довгу секунду здавалося, ніби всі витріщилися на неї.

— Хіба не всіх дітей треба запитати? — промовила вона.

Я похолов, наче шматок крижини. Ніхто не озвався й словом. Мама Ґустава вихилилася за поручні й крикнула до решти:

— Ви що, не чули? Може, й Бенґта покличте?

— Звичайно! — відповіла мама Аллана. — Хай усі виходять гратися надвір!

— Та ясно! — крикнула з п’ятого поверху мама Астрід.

— Бенґт залюбки погуляє зі всіма, — сказала моя мама.

— Ні, — буркнув я.

— Чому ж ні? — здивувалася мама, округливши очі, мов тарілки.

— У мене інші плани.

— Що за плани?

— Та нічого особливого.

— Якщо нічого особливого, то ліпше погуляти разом з іншими дітьми. Онде всі кличуть...

— Ні, — пробурмотів я.

Мама обернулася до Ґустава.

— Бенґт радо з вами погуляє. О десятій підходить?

Ґустав знизав плечима, уважно розглядаючи свої черевики. Його щоки палали, мов вогонь.

— Дуже підходить, — усміхнулася його мама.

ВЕСЕЛОЩІ

Наступного ранку о десятій я мав іти гуляти з Астрід, Алланом і Ґуставом. Відкрутитися неможливо. Тато з мамою стояли в передпокої, радісно мене проводжаючи.

Мама підбігла до вікна, визирнула надвір.

— Діти вже вийшли, — сказала вона.

— Гм, — відповів я, зав'язуючи шнурівки на одному черевику.

Мама дуже зацікавлено спостерігала за мною.

— Чим гратиметеся? — запитала вона.

— Не знаю, — відповів я, зашнуровуючи другий черевик. — Не будемо забігати далеко наперед.

— Ти там вважай! — докинув тато.

— Ага, — муркнув я.

Я надягнув темні окуляри, запхав собі за пасок штанів пістолет, а зверху прикрив футболкою. Готовий!

— Навіщо тобі пістолет? — радість на маминому обличчі трохи пригаснула.

— Хочу й беру!

— То, може, ще й зелений прихопи? Ану ж хтось захоче позичити.

— Та нє, зелений кудись запропастився, — промимрив я.

Я вийшов на сходи. Холод був собачий. Тато з мамою дивилися на мене схвильовано і водночас із гордістю. Наче я актор, який ось зараз вибіжить на сцену й зірве овації. Або зганьбиться.

Астрід, Аллан і Ґустав сиділи на каруселі. Коли я вийшов із під'їзду, вони зашепотілися. Мені якнайскоріше треба було від них відкараскатись і побігти до Яґґера. Але це було нелегкою справою. Мама стояла біля кухонного вікна. Якщо я відразу втечу, то потім, після повернення додому, вона мене задовбає. Точно казатиме: «Треба було хоча б спробувати!» або «Чому ти не захотів з ними гратися?».

От якби першими втекли вони, а не я? То ж зовсім інакше?

Я підійшов до каруселі, зупинився.

— Сервус!

Ніхто не відповів.

Аллан дивився то на Астрід із Ґуставом, то на мене. Не знав, фиркнути йому чи похихотіти. Астрід сиділа з квасним виразом на обличчі — вдавала, ніби мене тут не було. Ґустав просто собі сидів. На землю лягла тінь від його голови, схожа на футбольний м'яч.

Але раптом зі мною щось сталося. Я мовби за панциром сховався від їхньої зверхності, зневажливого сопіння і мовчанки. І тим захистом були не лишень окуляри, ні — дещо більше. Невидиме.

Аллан підібрав декілька шишок і заходився жбурляти їх на черевики Ґустава.

— Припини!

Ґустав відставив ноги вбік.

Тоді Аллан почав кидати шишки на мої черевики.

Відчинилося вікно на третьому поверсі.

— Аллане! — крикнула Алланова мама сердитим голосом.

— Та я жартома! — відповів Аллан.

— Займись чимось іншим! — і Алланова мама зачинила вікно.

Я глянув на наш будинок. Шпигували за нами не лише моя та Алланова мама: мама Ґустава теж примостилася біля кухонного вікна. Вона намагалася вдавати, ніби п'є каву, а насправді підглядала за нами. Вікна на п'ятому поверсі було важче роздивитися, та за тонкими фіранками начеб вгадувалася постать Астрідиної мами.

— Що далі? — знеохоченим голосом запитав Аллан.

Ніхто не відповів.

За якусь мить озвалась Астрід:

— Я не гратимуся з ось цим...

Вона мала на увазі мене. Але я вдав, що її слова мене не стосувалися.

— Але ж наші мами... — почав Ґустав.

— Не хочу мати ніякого діла з тими, хто кидає до чужих помешкань щурів, — категорично відрубала Астрід. — У нього не всі вдома!

— А ви кидали мені кукурудзяні пластівці! — обурився я.

— О, він зізнався! — вигукнув Ґустав.

— І не думав я ні в чому зізнаватися. Лише сказав, якби це був я, то вчинив би справедливо, бо ви накидали мені пластівців у хату.

— Це різні речі. Таке не порівнюється, — заперечила Астрід.

— Порівнюється!

— Ні!

— Чому ж ні?

— Бо пластівці смачні, а щурі — огидні.

— Це лише ТИ вважаєш щурів огидними! — скрикнув я.

— Усі так вважають, — вступився за Астрід Ґустав.

— Та ні, один мій знайомий так не вважає!

Мама Ґустава відчинила вікно.

— Вам там весело? — крикнула вона.

— Так! — відповів я. — Нам ще ніколи не було так весело!

Мама Ґустава всміхнулася і зникла в помешканні.

Знову запала мовчанка. Повітря дрижало від гарячі. І ще від чогось. Думаю, від страшенної цікавості.

Аллан підійшов упритул до мене, вдаючи із себе щирого приятеля.

— От скажи, що це ти!

— Ні!

— Ні — бо не скажеш, чи ні — бо це не ти?

— Не я.

— Певно, таки ти.

— Чому це?

Ніхто не відповів. Повітря й далі дрижало. Потім почулося клацання ціпка. То дибала із крамниці стара пані Квіст із пакетом у руках.

На нас вона й не глянула. Ішла собі та й ішла, згорбившись, дріботіла маленькими крочками. Мила, симпатична бабуська, хоч і страх яка дивакувата.

Раптом я страшенно роззлостився на пані Квіст. Раніше про таке й не думав, але тепер, убравшись у невидимий панцир, думав інакше. Як вона могла того дня покинути мене самого у смітнику? Невже не розуміла, що я міг померти? Замерзнути або задихнутися від браку повітря!

Пані Квіст відчинила вхідні двері й увійшла в під'їзд. Двері за нею зачинилися — клац!

Я глянув на Аллана.

— Може, вона?

— Що-о?

— Пані Квіст, — кивнув я на двері під'їзду.

— Чому б це вона? — запитала Астрід.

Я знизав плечима.

— У неї проблеми з алкоголем.

Астрід, Аллан і Ґустав переглянулися.

— Звідки знаєш? — запитав Аллан.

— Та сама сказала. Дуже любить вживати алкоголь. А коли вихилить цілу пляшку, здатна на будь-які божевільні вчинки. Одного разу зламала руку поліцейському.

— Що-о? — роззявила рота Астрід.

— Він усього лиш запитав, як вона почувається, і раптом — трісь! лусь!

Астрід фиркнула.

— Брешеш!

— Нєа! Є ж люди, які зловживають алкоголем.

— Ну, так. Але тільки не вона, — заперечив Аллан.

— От подзвоніть у двері й запитайте. Просто запитайте: «Горілки не бракує, пані Квіст?».

Аллан засопів, зафиркав, глянув на Астрід із Ґуставом. Астрід зиркнула на вхідні двері й похитала головою.

— Та ні.

— Так-так! У неї всі кутки заставлені пляшками. Самі побачите, якщо напроситеся в гості.

Астрід ду-у-же надовго замислилася. Видно було, як її змагала спокуса кинутися до пані Квіст і в усьому переконатися на власні очі.

— Але ми скажемо їй, що це ти нас послав.

— Звісно! Кажіть! — кивнув я. — І переказуйте від мене вітання!

Астрід вивіркою метнулася до будинку. Ґустав з Алланом — за нею. Вони так хихотіли, що ледь не пісяли по ногах.

Коли за ними зачинилися двері будинку, відчинилося вікно на другому поверсі.

— Уже нагулялися? — запитала мама сумним голосом.

— Ага... — відповів я і побіг з подвір'я.

ДРУГА ПОМСТА

А тепер я розповім дещо неймовірно захопливе. Сталося це через два дні після того, як я набрехав про пані Квіст. Я був удома в Яґґера. Він лежав на купі картону, заклавши лапи за голову. Вигляд у чорному плащі він мав дуже крутецький. Я ж був у зеленій футболці з написом *Be happy*. Це означає «Будь щасливий». А я і є щасливим, бо нарешті маю товариша для ігор. Яґґер — найліпше, що трапилося у моєму житті.

— Щось мене тягне на витівки, — сказав Яґґер, підводячись.

— Я з тобою! — зрадів я. — А які витівки?

Яґґер задумливо гриз дужку темних окулярів.

— Щось незвичайне.

Пес покружляв трохи долівкою контейнера, копнув корок від пляшки з-під лимонаду і знову заходив туди й сюди.

— Добре, що ми тоді покарали Астрід, — промовив він.

— Ага, добре, — погодився я.

— Якщо не карати всіляких дуреп, вони ніколи не порозумнішають.

— Не порозумнішають, — знову погодився я.

Яґґер трохи походив, мовчки гризучи дужку окулярів. А за якийсь час я запитав:

— Може, треба ще когось покарати?

Він глянув на мене. Очі сяяли.

— От саме про це я і думаю, — сказав Яґґер, надягаючи окуляри. — Ходімо до твого дому й трохи понишпоримо.

— Окей! — зрадів я.

Ми бігли моріжками, асфальтованими доріжками й клумбами. Яґґер запропонував відібрати у когось забавку й закинути на балкон Ґрьонстедтам. Наприклад, симпатичну іграшкову мавпочку в штанцях із підтяжками. Я схвалив ідею, і останній відтинок шляху ми побігли ще швидше.

На каруселі хтось сидів у кепці. То був Ґустав. Він стікав потом, але, на жаль, ніякої мавпочки із собою не мав.

Ми з Яґґером заховалися за кущем. За мить відчинилися двері під’їзду, і з будинку вийшли

Астрід та Аллан. Утрьох вони рушили до велосипедної повітки. Замок на велосипеді Ґустава заклинило. Він страшенно довго вовтузився з ним, схилившись у три погибелі. Друзі весь час його підганяли. Ґустав дедалі більше пітнів. Зняв кепку й обтер рукавом чоло. Нарешті замок піддався, і всі поїхали кататися. Скочуючись із горба в бік Великої вулиці, дзвонили дзвониками, мов справжні хулігани.

Яґґер засміявся.

— Хі-хі-хі! Бачиш те, що бачу я? — пошепки спитав він.

— Що?

— Кепка.

— А-а-а!

Це було чудово, просто суперово. Ґустав забув на землі свою кепку!

— Закинемо її на балкон Ґрьонстедтів? — запитав я.

— Та ясно! — відповів Яґґер.

Ми швиденько прокралися до кепки. Та коли були майже біля мети, хтось крикнув:

— Агов, ви!

Спершу я страшенно налякався, не відразу зрозумів, звідки долинає крик. Потім побачив на балконі пані Квіст, яка пильно дивилася на нас.

— Це ти патякаєш про мене всілякі дурниці? — запитала вона.

— Е-е... можливо...

Ліпше було б заперечити, але я розгубився.

— То піднімися сюди й попроси вибачення!

— Не маю часу!

— Хто це там з тобою?

Пані Квіст примружилася, щоб ліпше бачити.

Яґґер розстебнув плащ.

— Згинь з очей! — крикнув він.

— Що ти сказав? — ошелешено запитала пані Квіст.

— То не я!

Пані Квіст розгнівалася не на жарт.

— Ніколи не чула такого зухвальства! — обурено крикнула вона й кулею зникла з балкона.

— Треба ховатися! — сказав я.

— Навіщо?

— Та я її трохи оббрехав. Біжімо!

Ми притьмом кинулися назад. Щойно встигли сховатися за кущем, як двері під'їзду відчинилися. Пані Квіст з убивчою люттю оглянула подвір'я.

— А що ти такого ляпнув? — пошепки поцікавився Яґґер.

— Сказав Алланові, Астрід і Ґуставу, що вона п'яничка.

Яґґер пирснув сміхом. Він сказав, що було б весело, якби ми крикнули «П'ЯНИЦЯ!» і втекли, але я категорично відмовився. До того ж ми хотіли помститися Ґуставові, а зовсім не пані Квіст.

Старенька підійшла до кепки. Поштурхала її ціпком, роззирнулася на всі боки. Певно, подумала, що то моя кепка. Лиш би не взяла її як речовий доказ чи щось таке! Ми з Яґґером міцно вчепилися один в одного.

Але пані Квіст не підняла кепки. Вона вернулася до будинку. «Клік-клац-клік-клац» — цюкав її ціпок. Двері за нею зачинилися.

— Ура! — верескнув Яґґер.

— Ура! — верескнув собі і я.

Ми стрілою знову кинулися до кепки, та вже за кілька метрів Яґґер обернувся.

— Вони повертаються! — пискнув він.

— О ні!

Ми заледве встигли шмигнути за кущ, коли Астрід, Аллан і Ґустав загальмували біля велосипедної повітки, тримаючи в зубах морозиво на паличках. Ґустав знову цілу вічність вовтузився із замком, а Астрід з Алланом стояли на східцях перед під'їздом і кепкували з нього. Врешті-решт Ґустав покинув велосипед незамкненим і побіг до друзів.

Тільки-но ми подумали, що він знову забув про свою кепку, Ґустав різко зупинився і помчав назад. Натягнув кепку на голову і зайшов у будинок. Клац! — клацнув дверний замок.

Яґґер мовчав. Ситуація видавалася такою несправедливою і дурнуватою, що хотілося потрощити все навколо.

— О ні-і! — сердито просичав Яґґер.

Він важко сапав, наче зомбі. Вернувся до велосипедної повітки. Я — за ним. Покатав туди й сюди велосипед, бо той був незамкнений. Довго думав, а тоді сказав:

— Його ніяк не вдасться закинути на балкон Ґрьонстедтів.

— Ніяк, — погодився я.

— Але... можна кинути в річку.

Мене обсипало морозом і водночас кинуло в піт, серце гупало, наче цирковий тамбурин.

— Так! — скрикнув я.

Яґґер подивився на мене своїми круглими жовтими очицями.

— Ти зі мною?

— Звичайно!

Ми швидко покотили велосипед до річки. Та, коли спробували перекинути його через паркан, він зачепився і повиснув на штахетинах. Ми щосили тягнули, щоб звільнити велосипед, а потім жбурнули його у воду.

БУ-У-УЛЬК!

Лише кермо стирчало над водою. Яґґер спробував закидати велосипед камінням, щоб він зовсім занурився, але нічого з того не вийшло.

Зрештою ми покинули його напризволяще й побігли додому до Яґґера. Усю дорогу галайкали й верещали, мов божевільні. Бо ж ми такі круті!

ПІДОЗРЮВАНИЙ

Увечері в наші двері подзвонили. Мама, тато і я дивилися телевізор — програму «Лото». Я дивився не дуже уважно. Коли пролунав дзвінок, серце моє підстрибнуло. У голові заметушилася зграя страшних фантазій. Що прийшла, наприклад, поліція. Ось зараз стануть на порозі й скажуть, що мають фото, на якому ми з Яґґером викидаємо в річку велосипед Ґустава.

Мама звела брови вгору й підвелася з фотеля.

— У такий час? — здивувалася вона.

Тато провів її поглядом до передпокою.

Я чув, як мама відчинила двері. Потім почув її приязний голос: «А, це ви!». А потім нічого не було чути. Лише бурмотіння. За якийсь час озвався тато:

— Подивися, Бенґте, хто там.

— Не піду, — відповів я, міцніше стиснувши бильця фотеля.

Тато зітхнув і підвівся. Вийшов у передпокій і теж почав там бурмотіти.

Дядько в телевізорі, лисий, як коліно, мав надто збуджений вигляд і розводився про неймовірні призи, які можна виграти, зателефонувавши у студію. І коробку шоколаду, і авто, і запас пігулок від головного болю на весь рік, і всяку іншу туфту.

— Бенґте! Підійди на хвилинку!

Я обернувся. За спинкою фотеля стояла мама.

— Я зайнятий — дивлюся телевізор.

— То й що? Я хочу, щоб ти підійшов до нас. Треба поговорити. Чуєш?

Мама вимкнула телевізор.

Підводячись, я важко зітхнув, як перед тим тато, і з важким серцем рушив до передпокою.

То прийшли батьки Ґустава. Не поліція. З ними був Ґустав, ще й страшенно лютий, незгірш поліції. Очі червоні — певно, плакав.

— Привіт, Бенґте! — бадьоро привітався тато Ґустава, наче ми були близькими приятелями.

Але голос у нього був тро-о-хи занадто гучний і всміхався він не надто щиро. У руках тримав чорний гаманець. Мама Ґустава стояла із застиглим обличчям.

— Сервус! — пробурмотів я.

Запала мовчанка. Мама кахикнула й погладила мене по спині. Я шарпнувся, ухиляючись від її руки. Мама знову кахикнула.

— Може, ти хотів би щось нам розказати?

— Е-е... та ні...

Усі знову замовкли.

Мама запхала руки в кишені штанів. Знову вийняла. А тоді знову запхала.

— Тато Ґустава каже, що хтось кинув у річку велосипед його сина.

— Та ви що? От біда!

— Гм... — промовила мама, не зводячи з мене пильного погляду.

Ґустав шморгнув носом.

— Одна педаль погнулася... — вела далі мама.

— Педаль відламалася!!! — втрутився Ґустав. — То дзвоник погнувся!

Аж тепер я помітив, що тато Ґустава тримав у руках не гаманець, а педаль. Я мовчки знизав плечима.

Мама втретє кахикнула.

— Що ти сьогодні робив удень? — запитала вона.

— Та нічого особливого. Просто гуляв.

Усі мовчали. Чутно було, як спливає час. Зрештою мама ще раз кахикнула. Тієї миті я ледь не заверещав: «Припини кахикати!». Але стримався, навпаки — ще більше замкнувся в собі.

— Тато Ґустава каже, що, можливо, діти іноді трохи образливо ставилися до тебе.

Я пересмикнув плечима.

— Та ні...

Усі мовчали. Наче тупі, мовчазні меблі. Тоді мама Ґустава нахилилася до чоловіка і щось йому прошепотіла на вухо. Тато Ґустава кивнув і глянув на мене.

— Це ж вони кинули в річку твій футбольний м'яч? — запитав він.

— Справді? Щось і не пригадую.

— Минулого літа! — нагадав Ґустав.

— А-а! Той м'яч! Та то була й моя вина, я ж з усіма кидав м'яча.

Ніхто не зронив ані слова. Усі далі мовчали.

— А кілька днів тому хтось кинув у помешкання Астрід дохлого щура... — озвалася мама Ґустава.

Вона намагалася говорити лагідно, але губи не слухалися.

— Так, було таке, — кивнув я. — Справжнє неподобство!

Тато Ґустава сапав так важко, що аж волоски ворушилися в його ніздрях. Він сапав і сапав,

ЗІЗНАЙСЯ!

а очі метали коричневі лазерні промені. Раптом він роззявив рот, аж слина приснула.

— Ґустав розповів нам, що одного разу восени вони з Астрід та Алланом накидали у вашу поштову шпарину мюслі.

— Кукурудзяні пластівці, — виправив я.

— Так-так, кукурудзяні пластівці. Якщо Ґустав чесно зізнався у цьому, то чому б і тобі не зізнатися.

— Окей, — промовив я. — Зізнаюся.

Мама ледь не плакала. Вона глянула на мене і тієї миті була схожа на порцелянову ляльку — бліду й маленьку. Її нижня губа тремтіла.

— Ти це вчинив, Бенґте? — прошепотіла вона. — Ти зізнаєшся?

— Так, я зізнаюся, що Ґустав, Астрід і Аллан накидали восени кукурудзяних пластівців у нашу поштову шпарину.

Мама скрушно зітхнула.

— Ти став таким дивним останнім часом, — сказала вона. — Ми з татом це помітили. Ти змінився.

Я теж вважав, що змінився. Ба, я ЗНАВ, що змінився, до того ж до ліпшого. Але промовчав.

Тато Ґустава зітхнув і сказав, що їм уже час іти. Останньої секунди дорослі ще повдавали, наче то все жарт, щоб не розходитися в неприязні. Мама вискливо, фальшиво засміялася, коли тато Ґустава сказав наостанок:

— Хтозна, може, тут знову побував отой божевільний поштар!!!

Коли сусіди пішли, я повернувся у вітальню й увімкнув телевізор. Мама з татом теж повернулися. Я вдавав, ніби страшенно уважно дивлюся передачу.

Мама з татом витріщалися на мене — їхні погляди пропікали мене наскрізь. Минуло доволі часу, перш ніж заговорила мама.

— Можливо, завтра придумаєш собі якусь іншу розвагу, ніж тинятися не знати де, Бенґте?

Я здвигнув плечима.

— Дуже хотілось би, — промовила мама.

— Еге, — буркнув я.

Ведучий у телевізорі почав верещати, що настав момент для музичної паузи. Якийсь артист гратиме на піаніно зубами, чи щось таке...

ОГІРКИ

Після випадку з велосипедом усі батьки якось дивно поглядали на мене. Стояли купкою, перешіптувались і не віталися голосно здаля, як зазвичай. Іноді мені здавалося, ніби вони боялися...

Мама з татом стали мовчазними. Щоправда, вони ніколи й не були надто балакучими, але тепер стали ще тихішими. Не спускали з мене очей, наче приклеїлися.

Одного дня, коли ми з мамою поверталися із крамниці, зустріли перед дверима під'їзду Аллана і його маму.

— Привіт-привіт! — якось награно-радісно вигукнула моя мама.

— Привіт! — стримано відповіла Алланова мама і вже хотіла прошмигнути повз нас, але моя мама стала їй на шляху.

— Кудись зібралися?

— У крамницю, — відповіла Алланова мама.

— А ми якраз звідти! — радісно вигукнула моя мама, ніби то був фантастичний збіг, що дві мами й два хлопчики ходили до крамниці одного й того ж дня.

Алланова мама скуто всміхнулася. Надворі було гаряче — так само гаряче, як учора й позавчора. По-справжньому спекотно. Сонячні промені віддзеркалювалися в усіх гладких поверхнях і засліплювали очі.

— Тобі подобається ходити з мамою до крамниці? — мило заговорила моя мама до Аллана.

— Подобається, — відповіла замість сина його мама.

— Бенґтові теж подобається.

— Та не дуже, — буркнув я.

Мама нічого на те не сказала, лише засміялася.

— Мені теж не дуже подобається, — сказав Аллан.

Його мама здивовано звела догори брови.

— Не подобається?

— Нє-а.

— Чому ж ти пішов?

— Бо ти завелася «ходи та й ходи».

— Нічого подібного!

— Та було таке!

Алланова мама закотила очі, демонструючи, що Аллан усе перебільшує. Мовляв, ото впертюх!

— Якщо тобі так не хочеться, то повертайся додому, — сказала вона. — Але ж удома нікого немає. Тато повернеться не раніше, як за дві години.

Моїй мамі нараз спала в голову суперідея.

— Можеш із Бенґтом побути в нас, доки твоя мама ходитиме на закупи.

Аллан стояв, наче громом уражений.

— Та ні, не треба, — надто поквапливо відповіла Алланова мама.

— Бенґт має класні пістолети, могли би погратися! — наполягала моя мама, пропустивши повз вуха слова Аллановї мами.

— Припини, — сердито прошепотів я, тягнучи маму за руку.

— Вони стріляють і блимають!

— Уже ні, сіли батарейки, — впирався я. — А один десь загубився! Я ж тобі казав! Ходімо, я хочу додому!

— А що за пістолети? — озвався Аллан.

О, він запитував мене! Так, дивився на мене й запитував! Нормальне запитання, цілком звичайне. Не якісь там його глузливі жартики на кшталт «полюбляєш смалець, так?» або «чого витріщаєшся?». Спершу я навіть зависнув, не знав, що відповісти. Іншого разу сказав би: «відчепися!». А тут знизав плечима:

— Звичайні гівняні пістолети.

— Що? — тепер зависнув Аллан.

— Що за слова? — знітилася моя мама.

— Ну, добре... Один із лазером, другий — без. І отой другий десь запропастився.

Аллан мовчки кусав губи, видно, вагався.

— Може, усе ж підеш зі мною? — запитала Алланова мама. — Нам лише огірків купити...

Але моя мама вже рішуче відчинила двері під'їзду.

— Хто його знає, скільки часу займе вибирання добрих огірків, — промовила вона, підштовхуючи Аллана через поріг. — Подзвониш нам у двері, коли повернешся, і Аллан вийде.

Алланова мама насторожено дивилася вслід синові. Тоді глянула на мене своїм трохи наче наляканим поглядом і щодуху побігла до крамниці.

Ми піднялися ліфтом нагору. Усі розгублено мовчали. Ситуація видавалася дивною та безглуздою. У мами паленіли щоки. Я знав це, навіть не дивлячись на неї у дзеркалі ліфта.

Мама тисячу разів кахикнула. Коли ліфт приїхав на наш поверх, сказала:

— Приїхали.

Ми вийшли з ліфта й рушили до нашого помешкання.

— Приві-і-т! — зацвірінькала мама.

— Привіт! — відгукнувся з кухні тато.

— Сьогодні Бенґт із другом!

Ми з Алланом перезирнулися. Тепер уже ми паленіли, мов буряки. Бо ми не були друзями. Мама завжди все псувала в моєму житті.

— Що? — запитав тато.

Напевно, йому причулося, що Бенґт відбувся пуком чи щось таке.

— З другом! — голосно крикнула мама, аж нам вуха позакладало. — У нас Аллан у гостях!

Тато вийшов у передпокій. Побачивши Аллана, витріщився на нього, мов на привида. А тоді схаменувся і сказав:

— Як чудово! Заходь! Почувайся як удома!

— Гм, — пробурмотів Аллан.

— Я йду до себе, — зітхнув я.

— Покажи Алланові свої пістолети! — гукнула навздогін мама.

Я знову зітхнув, обернувся, глянув на Аллана. Повів плечима, демонструючи, що мені до нього байдуже.

— Що... ідеш зі мною? — неохоче спитав я.

Аллан не рухався. Розглядав передпокій. Поличку для капелюхів, куртки, черевики, стіни... Потім глянув на маму й тата. Потім перевів погляд на мене й кивнув. Ну, так, справді кивнув.

ХИТРОЩІ

У своїй кімнаті я сів на ліжко. Аллан ніде не сідав — стовбичив посеред кімнати, наче в землю вріс. Розглядав мої іграшки, плакат з дельфінами на стіні. Потім глянув на пістолет на ліжку.

Я поглянув на Аллана. Насправді мені кортіло дивитися куди-інде, але не міг себе змусити. Ще трохи — і він поставить своє дурне запитання про те, чи подобається мені витріщатися.

Але нічого подібного Аллан не запитав. Просто мовчав. Ніс у веснянках. Вуха наче два тарільчики. За якийсь час він усе передивився, глянув на мене й промовив:

— Усі розуміють, що це ти.

— Що — я?

— Це ти скинув велосипед Ґустава в річку. І вкинув щура в поштову шпарину Астрід.

— Нє-є, то не я.

Аллан зітхнув. У його очах читалося: «Думаєш, я геть дурний?». Але вголос нічого не сказав.

Він ще трохи поглядав кімнату, визирнув у вікно. Певно, вже не міг дочекатися мами із крамниці. Я — також.

— Наступного разу це, мабуть, буду я.

— Що?

— Ну... Спершу — Астрід, потім — Ґустав. Лише я залишився.

— Та ні... Тобто я хотів сказати — не знаю, то ж не мої були витівки.

Аллан скрушно зітхнув. Правою рукою перебирав пучки пальців лівої. Ніби хотів щось сказати. Зрештою пробурмотів:

— Думаю, що Астрід із Ґуставом дуже на тебе злі.

— За що?

— Ну, я так думаю, — відповів Аллан.

— Але ж... — почав я, але далі не знав, що говорити.

— Гадаєш, я теж із тебе збиткувався? — спитав Аллан.

— Е-е... — буркнув я.

Важко було відповісти щось путнє, коли він запитував так відверто.

Аллан не відводив очей від вікна.

— Коли вони жбурляли тобі соснову глицю у волосся, я не був з ними заодно. Тобто я був з ними, але нічого не кидав.

— Не кидав...

— І кукурудзяні пластівці в поштову шпарину не кидав. Навіть просив їх того не робити.

— Справді?

— Угу... Майже в усіх їхніх витівках я стояв збоку. Може, поруч із ними, але нічого погано не вчинив.

— А мій футбольний м'яч?

— Так, м'ячем кидався, але в річку закинув нехотячи.

Я замислився.

— Пам'ятаєш, одного разу ви з Ґуставом сказали, що я товстий, як свинська дупа.

Аллан густо почервонів.

— Може, я це й сказав, але так не думав. Не завжди кажеш те, що думаєш.

Потім Аллан сказав, що моя вигадка про пані Квіст була суперкласна. Оте, що я обманом змусив Ґустава й Астрід подзвонити в двері бабуськи й поцікавитися, чи вона п'яничка. Сам він відразу зрозумів, що я брешу, —пішов до старенької лише задля того, щоб побачити вирази облич своїх друзів.

Я трохи подумав. Може, це правда, що Аллан не був заодно з Астрід та Ґуставом і не знущався з мене? Може, справді, просто стояв собі осторонь?

Я здвигнув плечима.

— Та це не має великого значення, — промовив я. — Бо я не чинив тих капостей.

— Хто ж тоді, чорт візьми? — голосно вигукнув Аллан.

Я зиркнув на двері. Мама начебто не почула лайки.

— А чорт його знає! — знову здвигнув я плечима.

Алан мовчав. Ось зараз його понесе, і він наговорить лайливих слів, подумав я. Однак він раптом затулив обличчя долонями й заплакав. Я ледь не зомлів із несподіванки.

— Мій велосипед майже новий! — ридав Аллан. — Я помру, якщо хтось кине його в річку! І ще... я страшенно боюся щурів!

— Боїшся?

Аллан кивнув.

— Ти ж сказав Астрід, що щурі — дуже симпатичні істоти!

Аллан відповів, що то він так жартував. Насправді він боїться щурів ще з трирічного віку,

коли за ним одного разу ганявся отруєний труткою щур і вкусив його за п'ятку.

Аллан показав мені невеличкий білий шрам на п'яті і знову заплакав.

— Послухай, — від його сліз мені стало мулько. — Не плач! Ніхто не викине твого велосипеда в річку! І щура тобі до хати не підкине!

— Звідки знаєш?

— Бо знаю!

— Але звідки? Звідки тобі знати, якщо то був не ти?

— Знаю, бо... Можна вдатися до хитрощів.

— Яки-и-их ще хитрощів?

— Ну-у, наприклад, можна заклеїти клейкою стрічкою поштову шпарину.

Аллан трохи повеселів.

— Точно!

— Можеш намотати на свій велосипед купу ланцюгів і міцно його прив'язати.

— Точно! — ще більше зрадів Аллан і раптом знову посмутнів — ось-ось розплачеться. — Я не маю ланцюгів.

— Можна взяти клейку стрічку, — поспішив я його заспокоїти. — Намотаєш її багато, буде незгірш за ланцюги.

— Думаєш?

— Ага!

— Звідки знаєш?

— Просто знаю!

Аллан кивнув.

— А ти винахідливий! — Він трохи помовчав і озвався знову: — Ти точно того не чинив, правда-правда?

— Правда.

Аллан замислився.

— Цікаво, хто ж? І ще ця загадкова зіжмакана газета, яка лежала на сходах того дня....

— Гм, — буркнув я.

Не знаю, що на мене тоді найшло, та раптом закортіло, щоб Аллан довідався дещо більше і ще більше оцінив мене.

— Цілком імовірно, що хтось був озутий у газетні капці і ненароком загубив одного.

Алланові очі стали круглими, наче м'ячики для пінґ-понґу.

— Так хтось узувається? — вражено запитав він.

— Так, ті, хто живе у злиднях.

Аллан оніміло дивився на мене, мов на якого Короля Мудрого, а тоді, на жаль, повернулася його мама — розпашіла й спітніла.

— Ти чого так швидко? — здивувався Аллан.

— Спішила. Думала, що ти згораєш від нетерплячки, — захекано відповіла мама, тримаючи в руках повну коробку огірків.

— Вони ввесь час бавляться, щойно переступили поріг, — озвалася моя мама, стоячи за спиною Аллановості мами. — Ой, їм так весело!

Алланова мама стримано всміхнулася.

— Ходімо, Аллане! Мені треба приготувати обід, а потім ще замаринувати огірки.

Аллан зітхнув.

— Можна я прийду додому, коли вже зготується обід? — попросив він.

— Аллан ще може побути в нас! — запевнила моя мама.

Але мама Аллана спохмурніла, насупилася, очі стали колючими, як в оси.

— То я всю дорогу бігла надарма? Ні, ходімо додому!

Аллан знову зітхнув і ступив крок до мами, яка стовбичила на порозі. Потім підвів на мене погляд.

— Класний у тебе пістолет, — промовив він.

— Угу, — буркнув я.

— Ех, шкода, що другий загубився... Ми б тут влаштували стрілянину!

Я мовчки кивнув.

— Коли мені його по... тобто я хотів сказати, якщо його знайду, ти зможеш із нього постріляти. Він зелений!

— Класно! — зрадів Аллан.

І вони з мамою вийшли в передпокій. Моя мама тупцяла за ними, мов примара, і шепотіла у спину:

— Може, Аллан ще на трохи залишиться? Він міг би з нами пообідати.

— Ні, дякую, — відмовилась Алланова мама. — То було б уже занадто.

ЯҐҐЕР БІЛЬШЕ МЕНІ НЕ ДРУГ

— Усі про все здогадуються, — мовив я.

— Про що? — запитав Яґґер.

— Що то я.

— Що — ти?

— Що то я закинув велосипед Ґустава в річку. І запхав Астрід щура.

Яґґер валявся на купі картону й цілився з пістолета у хмаринки на небі.

— Піу! Піу! Піу! — викрикував він, потім перевів погляд на мене й заговорив таким тоном, ніби хотів забрати собі всю честь і славу: — Ну, по-перше, там був не лише ти!

— Ні, але... тебе вони не знають.

Плащ Яґґера тепер став брудним і бридотним на вигляд. Він його не скидав ні вдень, ні вночі — навіть нишпорячи у смітті. Темні окуляри перегнулися посередині, коли він якось необачно на них сів.

— Піу! Піу! Піу! — завівся він знову.

Потім трохи «покурив».

Я теж «покурив».

Яґґер удав, наче струшує попіл.

Я — теж.

— Мабуть, було б наймудріше... нікому більше не мститися, — несміливо сказав я.

— Пхе! Що за дурню варнякаєш?

Яґґер сів і сплюнув перед собою.

— Ну-у, я мав на увазі... Якщо всі здогадуються, то ліпше залягти на дно, чи як там кажуть...

Пес зневажливо пирхнув і сказав, що, на його думку, це дурня дурнею.

— Аллан каже, що його велосипед цілком ще новий.

Яґґер наморщив чоло.

— Який Аллан?

— Та ти ж знаєш Аллана!

Однак Яґґер мав такий вигляд, ніби я говорив про якогось марсіянина.

— Аллан, один із тих дітей у моєму дворі.

— А, дворова дітлашня! Ти більше слухай, що вони патякають.

— Та я їх не слухаю! Лише Аллана. Він учора трохи гостював у мене вдома.

Яґґер засопів, похитав головою.

— Вухам своїм не вірю!

— Я ж не кажу, що весь час прислухаюся до Аллана! Я мав на увазі, що прислухався лише до слів про велосипед.

— Пхе! Підозрюю, що тепер ти з ним подружишся! — захвилювався Яґґер і почав раз-пораз затягуватись уявною сигарою — з нервів.

Він підтягнув лапи під живіт. Мав доволі прибацаний вигляд із лиш одним газетним капцем

на лапі. Іноді здавалося, що він навмисне хотів потворно виглядати.

— О ні, красно дякую! — відповів я.

— Так! То й дружи на здоров'я! — тонко верескнув Яґґер. — А мені байдуже! Ти ж, напевно, любиш того Аллана більше за мене!

— Та ні, не люблю! Я його взагалі терпіти не можу! — я судомно ковтнув грудку, що застрягла в горлі.

— Щось на те не схоже!

Тоді я зверхньо пирхнув, як пирхав Яґґер, коли я городив нісенітниці.

— Хіба можна любити людину, яка замкнула тебе у смітнику, закинула в річку футбольний м'яч і вчинила ще купу всіляких капостей?

Яґґер замовк. Задумливо пожовував нижню губу. Очі звузилися до маленьких щілинок. Потім він пронизав мене поглядом, мовби ножем.

— А доведи, що ти його ненавидиш!

— Залюбки! Як?

Яґґер устав, запхав лапи в кишені плаща й заходив туди й сюди по контейнеру, а тоді рвучко зупинився.

— Покараймо його!

— Я ж тобі казав, що всі про все вже здогадуються! Якщо ми покараємо Аллана, тінь упаде насамперед на мене. Мама вже й так бідкається, що я став дивним...

— Мама, мама, мама, мама! Чому тобі, з біса, аж так важлива її думка?

— Ну, не аж настільки, — пробурмотів я. — Та все ж важлива.

— Тобі треба втікати з дому. Розумієш?

— Я ще надто малий.

— Он як! — очі Яґґера зблиснули. — А що казати про мене, який подався у світ широкий крихітним цуценям!

— Ти ж того не бажав...

— Хто таке сказав?

— Та ж ти!

— Я не казав!

— Казав! Казав, що понад усе хотів би залишитися з мамою...

— Ніколи! — аж плювався слиною Яґґер. — Нізащо не погодився б мешкати з нею в її бридкій квартирі, навіть якби вона на колінах благала мене!

Яґґер трусився всім тілом, лапи тремтіли.

— Звідки знаєш, що ви мешкали у квартирі?

Пес шморгнув носом, обтер шмарклі. Він наче трохи заспокоївся, ніби полинув кудись думками. Очі блищали від сліз.

— Бо я пам'ятаю. Пам'ятаю зелені листочки на шпалерах. Із вікна було видно футбольне поле... — Яґґер насупив чоло, ніби враз розсердився. — А може, поле для гольфу. Не певний. Та яке це має значення?

— Що ж має значення?

— Лише те, що я ненавиджу квартири! Але ТИ! — кажучи з притиском оте «ТИ», він упився в мене очима. — Ти, здається, приріс намертво

і до своєї квартири, і до мами, хоч живеться тобі там несолодко! От якби ти жив зі *мною*...

Я не уявляв для себе такої перспективи, тож трохи посміявся. Сміх був не те щоб веселий, радше скрушний — так сміються, коли чують якісь дивні небилиці.

Яґґер зиркнув на мене. Очі звузилися до щілинок. Нижня губа затремтіла.

— То ось у чому вся суть, — прошепотів він.

— У ч-чому?

— Ти мене зневажаєш!

— Ні!

— Ти зневажаєш і мене, і мою домівку, і все, що мене оточує!

— Зовсім ні!

— По тобі видно! Ти вважаєш мене бридким!

— Ні, анітрохи!

— Більше й знати тебе не бажаю! Ми більше не друзі! — бризкаючи слиною від люті, Яґґер виліз із контейнера.

— Яґґере! — заволав я, лізучи за ним. — Не йди! Будь ласка!

Але Яґґер швидко почимчикував геть, лише поли плаща розвівалися за ним. Він був схожий на сумного замурзаного привида.

І невдовзі зник з очей.

ЗАКАПЕЛОК

Я не хотів, щоб Яґґер мене покидав. Проте й не бажав терпіти його важкого характеру. Не встигнеш назвати якесь чуже ім'я, він уже верещить — вимагає, щоб я переселявся до нього, ні про кого іншого й чути не хоче!

Я трохи потинявся навколо контейнера. Тут відразливо смерділо. Сміттям і лайном. День перед тим я бачив, що картонні коробки, на яких спав Яґґер, пожовкнули. Мовби обпісяні. Нізащо не зміг би сюди переселитися! Мені й на думку таке не спадало! Але Яґґер, певно, багато думав саме про таке? Може, навіть уважав, що я сплю й бачу таку ж перспективу і для себе? Напевно, він уже ніколи не повернеться...

Я ходив та й ходив, чекав та й чекав. Кілька разів мені здавалося: онде він! Але то була омана зору. Так буває, якщо дуже щось видивляєшся.

Та, врешті-решт, коли я находився і насидівся на камені донесхочу, Яґґер прийшов!

— Бенґтику! — скрикнув він.

Я ще ніколи не бачив, щоб Яґґер так швидко бігав. Я вже й руки розставив для обіймів, бо ж, звісно, подумав, що пес пошкодував про свій учинок і хоче помиритися.

Але Яґґер спішив не тому. Це я збагнув, коли він підбіг ближче. Пес був страшенно наляканий — вибалушені очі блищали, рот перекривлений від страху... Він сховався за моєю спиною і так вчепився мені в плечі, що я відчув, як кігті вп'ялися у шкіру.

— Я думав, здохну! — скрикнув він здушеним голосом.

— Що сталося?

Яґґер пильно вдивлявся у той бік, звідкіля прибіг.

— Р-раптом він вигулькнув... а я... я... О, Бенґтику!

Я теж глянув у той бік, але нічого не побачив.

— Не бійся, — спробував я заспокоїти собаку. — Тут нікого, крім нас, немає.

Яґґер насилу заліз у контейнер і влігся. Сказав, що скажено болить живіт і йому дуже зле. Я сів поруч, гладив, як гладять того, хто зазнав шоку. Нарешті Яґґер зміг розповісти, що з ним трапилося.

Отже, коли після сварки зі мною він накивав п'ятами, то спершу дуже злився, жбурляв спересердя у воду каміння і всякий непотріб. Потім спробував зламати деревце, але не здужав. А потім вирішив забитися в якийсь закапелок, де я його ніколи не знайшов би. Майже відразу натрапив на чудову, затишну нішу в одній з опор моста. То була ніша з люком, напхом напхана різними дротами й проводами — усім необхідним для освітлення моста. Він заліз якнайглибше й принишкнув, як миша, щоб я його не помітив, якщо проходитиму повз те місце. *А тоді, зненацька, зовсім поруч почувся храп!* Яґґер так налякався, аж йому подих сперло. Він роззирнувся навсібіч і збагнув, що хтось облаштував собі в ніші прихисток. Обережно підняв кілька картонних листів і злякався ще більше. Там спав Гейккі! Придуркуватий Гейккі з шчліжки! Тієї миті він прокинувся і закляв, на чому світ стоїть. Яґґер останньої миті встиг дременути, щоб Гейккі його не закатрупив.

— О! О-о-о! — стогнав Яґґер. — Що мені робити, Бенґтику? І нащо я поцупив ту шкіряну куртку?

— Ти певний, що він не бачив, куди ти побіг? — запитав я. — Якщо бачив, то може тебе вистежити...

— Бачив! Я знаю, що бачив! Бачив, бачив, бачив! Певно, придумує, як болячіше мене вбити.

Я здригнувся.

— Але він не має наміру вбити ще й мене?

— Ти думаєш ЛИШЕ ПРО СЕБЕ! — заскімлив Яґґер. — Я сподівався, що ти мене порятуєш! Не треба було сюди повертатися!

— Звісно, я хочу тебе врятувати! Скажи як!

Яґґер ридав, шморгав і шмаркав. Він надовго замислився, а тоді промовив:

— Візьмеш куртку... підеш до Гейккі... віддасиш йому куртку і скажеш отак: «Я від Яґґера, він переказує вітання і просить його вибачити».

— О-окей... А якщо він небезпечний?

— Для тебе — ні. Гарантую!

Яґґер витрусив зі своєї торби на коліщатах увесь мотлох, смердючі рештки їжі, пластикові пакети й дістав із самого дна шкірянку. Трохи обтер її від бруду рукавом плаща й дав мені.

— Ходімо! Покажу тобі, де той закапелок, — сказав він, рушаючи попереду.

Мов не своїми ногами, я поплівся за ним. Ми йшли над берегом засміченої річки з повільною течією. Часом земля під ногами ставала темною — то ми проходили під мостом. Іноді ставала світлою — то ми виходили з тіні на сонце. Ніс змокрів від поту. Окуляри зісковзували. А якщо Гейккі все ж небезпечний і для мене? А якщо він захоче силою відібрати в мене куртку, а потім уб'є, навіть не вислухавши послання від Яґґера?

Двічі я був готовий відмовитися від тієї затії. Але не відважився, боячись, щоб Яґґер знову не завів своєї скорботної пісні.

До сховку, де тулився Гейккі, ми дійшли дуже швидко. Навколо розкидано купу речей, характерних для безхатьків: пакети, лахміття і порожні пляшки.

— Я почекаю тебе надворі, — прошепотів Яґґер і сховався за поламаним візком із крамниці, схожим на скелет якоїсь тварини.

— О-окей, — відповів я хрипким голосом.

Я кілька разів глибоко вдихнув, щоб серце не вистрибувало з грудей, і постукав.

Ніхто не відгукнувся.

Я постукав ще раз.

— Що за бісовий гармидер!!! — почувся крик із ніші.

Гейккі!

Наляканий до півсмерті, я озирнувся на Яґґера — той зіщулився за візком.

— Хоч-чу дещо від-дати, — пробелькотів я.

— Забирайся геть!

— Окей, — відповів я і рушив геть.

— Стій! — заволав із-за візка Яґґер. — Залиш там куртку! Бо інакше мені смерть!

— Він її не хоче! Ти же чув!

— Як побачить куртку, відразу захоче! — голосно зашепотів Яґґер. — Голову даю на відріз, що так і буде! Йди до нього!

— О Господи! — пробурмотів я, відчинив люк ніші й зазирнув досередини.

КОЛОТНЕЧА

Спершу я не побачив Гейккі. Але потім розгледів кошлате бридке волосся, товсту задницю і товсту спину. Гейккі лежав на боці.

— Агов! Глянь сюди! — крикнув я.

Роздратовано бурмочучи, Гейккі обернувся. Глянув на мене посоловілими очима.

— Що це?

— Куртка!

— І що далі?

— Вона тобі не потрібна?

Гейккі сів. До його волосся приклеївся клаптик лейкопластиру. Гейккі витріщався на курт ку. І раптом розізлився.

— Ти що, жартуєш?

— Нітрохи! Бери!

Гейккі забурчав ще невдоволеніше. Та все ж підповз, щоб роздивитися куртку зблизька. Шкіра рипнула в його брудних руках.

— І нічого за неї не хочеш?

— Ні, — знизав я плечима. — Просто забудь про давні капості.

Гейккі довго м'яв у руках шкіру. Сильніше, ще сильніше. Потім раптом почав принюхуватись і придивлятися. Може, завважив, що куртка вибруднилась у смітті або десь подерлася!

— Мені час іти, — сказав я і вже було ступив крок, але Гейккі схопив мене за футболку.

— Чекай! — у його голосі бриніли сльози.

— Відпусти мене! — закричав я, відмахуючись від нього руками. — Я нічого поганого не скоїв! Я лише мав передати куртку!

— Ти добра людина! — промовив Гейккі.

— Т-ти т-так д-думаєш? — пробелькотів я.

Гейккі відпустив мою футболку й витер заплакані очі. У нього був ніс, товстий, як бараболя, і зашмаркані вуса.

— Нелегке життя у безхатька! — схлипнув він, обіймаючи куртку. — Дякую, друже!

Потім Гейккі захотів, щоб ми посиділи й потеревенили трохи. Щира розмова — найменше, чим він міг віддячити такій добрій людині, як я, сказав він і почав оповідати про те, як постійно голодує і що йому потрібна операція на стегновому суглобі, але ніхто не хоче йому допомогти.

— Не всі такі, як ти, друже!

— Еге... — в'яло відповів я.

Мені кортіло якнайшвидше забратися геть. Від Гейккі погано пахнуло. Ще й торочив без кінця те саме. Здавалося, що він потрактував мене за представника якоїсь доброчинної організації, яка роздавала порядні речі для безхатьків. Попросив, щоб наступного разу, як прийду, я приніс йому ноутбук. Я не знав, як мені відкараскатися від того чоловіка.

Раптом з-під люка зблиснуло світло, і в нішу обережно зазирнув Яґґер.

— Я тільки хотів перевірити, чи ти ще живий, — мовив він.

— Як мило з твого боку, — єхидно відповів я і підвівся. — Мені вже треба йти, Гейккі. А щодо комп'ютера, побачимо, чи вдасться залагодити справу.

— Постривай! — сердито скрикнув Яґґер. — Ти не Гейккі!

— Як це ні? — відповів Гейккі.

Яґґер протиснувся в нішу й підійшов упритул до чоловіка, пильно придивився, примружившись, а тоді запустив у його носа гострий кіготь.

— Ти не Гейккі!

— Ей, а ти сам хто такий? — злісно засичав безхатько, який не був Гейккі, і відкинув собачу лапу.

— Хай це тебе не обходить! Негайно віддавай куртку! — рикнув Яґґер.

— Я дістав її від отого хлопчиська! — і собі гаркнув безхатько.

— Він помилився! Не на того натрапив, — сказав Яґґер.

— Це я помилився?! — образився я. — Це ти помилився! Сам велів мені лізти сюди!

— Просто цей чолов'яга страшенно схожий на Гейккі, але не він. У Гейккі страшніші очі, — пояснив Яґґер.

— У всякому разі, це не моя помилка!

Безхатько тим часом лютував, верещав і все допитувався, хто ж отой справжній Гейккі.

Яґґер мовчки заходився виривати куртку з рук чоловіка, але безхатько був нівроку дужий і легко відкинув пса вбік.

— Може, залиш йому ту куртку, га? — втрутився я. — Чуєш?! Я хочу піти звідси геть!

— Та нізащо в світі!!! Вона ж йому не належить! — пінився від злості Яґґер.

— Тобі теж не належить, — огризнувся я.

— Замість патякати, ліпше допоміг би!

І Яґґер знову щосили потягнув куртку до себе.

Видно було, що він звик чубитися і сваритися з безхатьками. Але я на таке відважитися не міг. Мав лише одне бажання: якнайшвидше дременути. Тому тримався ближче до маленького люка закапелка, готовий до втечі, щойно запахне смаженим.

А бійка розпалювалася щораз дужче: Яґґер вишкірив зуби, а Гейккі так завзято молотив руками й ногами, аж штани сповзли йому з дупи. Обидва щосили смикали в різні боки куртку. Я боявся, щоб не роздерли її навпіл.

— Допоможи... мені... Бенґтику! — простогнав Яґґер.

Я дуже хотів чимскоріш чкурнути, лише тому вирішив допомогти псові, підповз до нього, схопив за поперек і щодуху потягнув. Гейккі втратив рівновагу й запоров носом. Він репетував і кляв на всі заставки. Яґґер заулюлюкав, наче ковбой. Ми притьмом вибралися з ніші та кинулися навтьоки.

— Кляті шмаркачі! — кричав нам навздогін безхатько, але невдовзі його голос розтанув удалині й стихнув.

До свого контейнера Яґґер прямував у чудовому гуморі: він галасував, реготав і так гордовито надимав груди, що став схожим на квадратну коробку з вівсяними пластівцями.

— Бенґтику, ми з тобою нездоланні! Ми з тобою втерли йому носа!

— Угу, — пробурмотів я.

Мною ще досі теліпало від страху, тож нічого мудрішого видобути із себе я не міг.

Зате Яґґер траляляк ав і радісно стрибав по камінцях. Коли прийшли до його домівки, він простягнув мені шкіряну куртку.

— Ось, бери!

— Щ-що? — не второпав я.

— Вона — твоя! Я хочу подарувати її тобі!

— Чесно?

Яґґер кивнув.

— Ти — мій найліпший друг!

— Я?.. А ти — мій!

— Найліпший друг заслуговує на класну шкіряну куртку! — вигукнув Яґґер. — Не справедливо, щоб тільки я мав крутецький вигляд!

Пес розправив поли свого зім'ятого, бридкого плаща.

— Та ясно... — я розгубився. — Дуже дякую!

Потім ми мовчали. Мовчали, як німі. Яґґер пильно дивився на мене своїми круглими жовтими очицями.

— Бенґтику, любий, ну погодься ще на одну помсту! Останню! Провчимо Аллана — і на тому зав'яжемо!

Я ледь не подавився.

— Ну, якщо ти мене любиш?.. — прошепотів Яґґер голосом, сповненим такої глибокої розпуки, що годі було встояти.

Востаннє!

ТРЕТЯ ПОМСТА — ОСТАННЯ

Не знаю, чого мені було так паскудно, коли ми зібралися покарати Аллана, — гарячка чи що. Я ж був у шкіряній куртці Гейккі, а вона дуже тепла. І все ж. Здавалося, що всі на світі витріщаються на мене.

Яґґер дибав чеканним кроком. Лапи в кишенях, вигляд самовпевнений.

— Важливо, щоб він розумів, за що ми його караємо, — сказав він.

— Ага.

— За те, що він так жахливо до тебе ставився, — пояснив Яґґер, дивлячись на мене поверх темних окулярів. — Він повинен щиро покаятися.

— Саме так, — підтакнув я, майже підбігаючи за псом, щоб не відставати. — Може, напишемо щось зневажливе про Аллана на стіні в під'їзді?

Яґґер похитав головою.

— Ні, замала кара. Як я бачу ситуацію, Аллан найгірший з усіх дітисьок.

— Та нє...

— Так! А знаєш чому? Бо він спробував удавати із себе твого друга. Прийшов до тебе в гості, сидів у твоїй кімнаті... Одним словом, поводився облудно.

— Але... — намагався заперечити я. — А якщо ми напишемо, що він пісюн...

— Ш-ш-ш! — раптом шикнув Яґґер. — Онде він!

Мені наче каменюка впала в низ живота, коли я побачив Аллана. Він примотував свій велосипед до ліхтарного стовпа. Напевно, двадцять разів обмотав раму клейкою стрічкою.

Ми сховалися за кущем поблизу.

— Може, ліпше вичекати, коли його не буде на подвір'ї? — придумував я всякі відмовки. — Якщо він нас побачить...

— Я проходив повз ту нішу, — раптом урвав мене Яґґер.

— Що?

— Ну, ти ж знаєш... Повз оту нішу, з якої виселився безхатько. Той, котрий не Гейккі.

— Ну-у...

— Він, певно, злякався, що я прийду й знову його поб'ю, — набундючився Яґґер.

— Можливо... А чого ти зараз про це заговорив?

Яґґер зняв окуляри й протяв мене поглядом своїх жовтих очей.

— Не розумієш? А той день, коли ми зустрілися, пам'ятаєш?

— Так... І що?

— Хіба Аллана з ними не було? Хіба він не зачинив тебе у смітнику?

— Вони мене заманили туди й...

Я раптом замовк, збагнувши, куди він хилить.

— Хочеш зачинити Аллана в закапелку під мостом?!

Я аж похолов усередині.

— Не просто хочу... Ми таки його там зачинимо! — твердо промовив Яґґер, почепив на носа окуляри й глянув на Аллана.

У моїй голові замакітрилося, ніби мозок закружляв на каруселі. Замикати Аллана в ніші було небезпечно: там могло забракнути повітря чи ще щось трапитися. Ні, я проти!

Яґґер суворо глянув на мене і промовив безжальним тоном:

— А він подумав, що замикати тебе у смітнику теж небезпечно?

Потім Яґґер почав просторікувати про те, що я маю визначитися, хто в цьому світі мій ворог, а хто — друг, бо щось я постійно про це забуваю. Коли Яґґер ставав таким затятим, важко було йому суперечити. А мозок ще шаленіше розкручувався у черепушці.

Яґґер трохи поспостерігав за Алланом.

— Найліпший варіант, щоб ти підійшов до нього й сказав, ніби хочеш показати йому щось цікавеньке, — сказав Яґґер. — Коли він погодиться, поведеш його до ніші, пустиш наперед, а тоді ми скоренько зачинимо люк і підіпремо чимось важким.

— І н-на скільки часу? — затинаючись запитав я. — Скільки часу він там сидітиме?

— Та кому це цікаво? Про мене, хай сидить там хоч до скону віку.

— Що?!

— Можемо час від часу приносити йому щось поїсти.

— Його мама мене вб'є!

— Хе! Ох, ті мами! — зневажливо пирхнув Яґґер.

Не знаю, що він хотів сказати своїм пирханням, але я мав лишень одну відповідь:

— Я проти! Я не можу його обдурити!

— Ще й як можеш! — просичав Яґґер.

— Але я не вмію брехати! Відразу червонію, ще й пітнію.

— Тобі легше таке провернути! Ви ж знаєте один одного!

— Може, щось інше вигадаємо? Ну будь ласка! Можемо надряпати на стіні череп і підписати його іменем!

— Ні! — Яґґер не терпів заперечень, поправив на носі окуляри й додав: — Якщо ти аж так страшенно пітнієш, то я й сам упораюсь.

І він перевальцем рушив до Аллана. Я зціпив кулаки, молячись, щоб газетний капець розв'язався, щоб Яґґер зашпортався, упав і зламав собі лапу чи щось інше. Але капець міцно тримався. Ось Яґґер уже дійшов до Аллана.

Аллан закінчив роботу. Недовірливо глянув на Яґґера, який браво кивнув. Я все чув.

— Сервус! — привітався Яґґер.

— Сервус! — відповів Аллан.

— Хочеш побачити щось круте?

— Що саме?

— Та... сам побачиш. Але мусиш піти зі мною.

— Не піду.

— Воно лежить в одній ніші.

— У якій ніші?

— Ніхто тебе в ній не замкне, якщо ти цього боїшся.

— Чому мене мав би хтось замикати? Про що ти торочиш?

Яґґер зітхнув, аргументи в нього вичерпалися. Раптом очі Аллана вибалушилися від страху. Він помітив газетний капець на лапі Яґґера!

— То це був ти!!! Це ти підкинув Астрід щура! Це ти закинув велосипед Ґустава в річку!

Яґґер обернувся до куща і зарепетував:

— Що мені, трясця, робити?!

Аллан теж обернувся.

— З ким ти розмовляєш? — запитав він.

— Ні з ким.

Аллан ступив крок до куща. Серце гупало аж у горлі, і здавалося, що мене ось-ось знудить. Утекти не було ніякої змоги: щойно я побіжу, він мене побачить.

ОЙ

Аллан дедалі ближче підходив до куща, за яким я ховався. Мені залишалося хіба зачаїтись, іншого виходу не було. Краплини поту спливали по спині, ніби лоскітливі комахи перебирали лапками. Шкіра пекла.

Яґґер рушив услід за Алланом.

— Агов! Ти що, не чуєш? — крикнув він сварливим тоном. — Куди ти пішов? Це ж я з тобою розмовляю! Маєш останній шанс, якщо хочеш побачити щось незвичайне!

Однак Аллан його не слухав — уперто прямував до куща.

Тієї миті, коли він розгорнув гілки й побачив мене, я немов скрижанів, немов обернувся на айсберг.

Аллан кліпнув раз, і вдруге, ніби не вірячи власним очам.

— Бенґте? Якого дідька?!.

Більше нічого сказати він не встиг, бо Яґґер наскочив на нього ззаду і скрутив руки.

— А тепер підеш з нами! — наказав він.

— Ой! — зойкнув Аллан. — Що це ви замислили?

— Хіба сам не розумієш? Ти зі своїми друзяками цькував Бенґтика! Але тепер ми поквитаємося!

— Обережно! — пискнув я.

Аллан копав ногами, розмахував руками, намагаючись визволитися.

— Відпусти мене! — репетував він щодуху. — Мамо-о-о!

— Своєї мами тобі ніколи більше не побачити, — з ненавистю просипів Яґґер. — Тому не мамкай!

Аллан заверещав ще голосніше. Яґґер почав пітніти. Він роззирнувся навсібіч.

— Ще когось принесе на ці крики! — пробурчав він. — Скажи йому, щоб замовкнув!

Мене охопила паніка, ніби якась машинерія в моєму організмі веліла мені робити то одне, то друге, то десяте: дременути геть, ударити Яґґера так, щоб той випустив із лап Аллана, утекти додому, забігти кудись на край світу й більше не повертатися — тисячі імпульсів!

Але тієї миті Аллан зарепетував так голосно й пронизливо, що я, не тямлячи себе, вдарив його в обличчя. Бризнула кров. Лише одна-однісінька краплина, та я ледь не зомлів.

Очі Яґґера спалахнули.

— Молодець, Бенґтику! Тягни його!

Усе скидалося на кошмар, але я послухався Яґґера. Схопив Аллана за одну руку, Яґґер — за другу. Коли ми вже зібралися волочити Аллана, Яґґер раптом закляк, мов соляний стовп, незмигно втупившись в одну точку.

— Хтось іде! — пропищав він.

Моя душа впала в п'яти. Я обернувся і побачив пані Квіст. Вона вийшла з під'їзду, цокаючи своїм маленьким ціпком.

— Тікаймо! — верескнув Яґґер.

— Тікаймо! — підхопив я.

Ми покинули Аллана й припустили до річки. І тут сталося найстрашніше й найбезглуздіше, що могло статися: розв'язалися шнурівки на моїх черевиках. Я зашпортався і впав. Ніс розплюснувся об землю. Гірше було зі ступнею: вона боліла так, що подих спирало в легенях.

Яґґер смикав мене за рукав.

— Підводься, Бенґтику! — натужно сапаючи, просив він.

Слова застрягли мені в горлі: єдине, що тільки міг видушити із себе, було «пффффсссс!». Я бачив, як Аллан метнувся до будинку й зник за вхідними дверима, а наступної секунди нас уже наздогнала пані Квіст. Вона тицьнула ціпком мені в спину.

— Ану вставай і проси в мене вибачення! — проквоктала вона, мов курка.

— Не можу, — застогнав я.

— Що ти сказав?! — закричала пані Квіст.

— Покличте на допомогу! — втрутився Яґґер. — Він помирає!

— Що за дурниці! Киш звідси!

Сусідка розмахнулася і загилила ціпком Яґґерові по задній нозі. Той заскімлив. Ухиляючись від лютих ударів бабуськи, він уперто намагався відтягнути мене на безпечну відстань.

— Ну ж бо, Бенґтику! Урятувати нас зможе лише втеча!

Сльози дзюркотом стікали по моїх щоках.

— Не можу!

— Я знаю один порожній контейнер на іншому краю міста. Облаштуємо там собі двоспальне ложе! Ну ж бо, вставай, любчику!

Пані Квіст ще раз огріла ціпком Яґґера. Той завив і відстрибнув убік.

— Ось так тобі! Киш звідси! — примовляла стара. — Нема що робити в нашому дворі всяким шолудивим собакам!

— Заспокойтеся! — Яґґер намагався вгамувати старушенцію. — Ой!

— Як негайно не заберешся геть, викличу поліцію! — наступала пані Квіст.

Висхла, обвисла шкіра метлялася на її шиї.

Я глянув на Яґґера.

— Утікай, я сам зумію впоратися!

Яґґер на мить завмер.

— П-певний?

— Абсолютно! Втікай!

Яґґер позадкував. На мить здалося, що він передумає і знову кинеться мені на допомогу, але перед натиском пані Квіст, яка розмахувала ціпком, наче якась дикунка, не витримав і щодуху кинувся навтьоки понад річкою.

Коли він зник з очей, я впав долілиць і гірко розплакався. Пані Квіст анітрохи мене не жаліла. Ще раз тицьнула ціпком у спину, викрикуючи, що я зухвалий, дурний і всяке таке різне.

За якийсь час я відчув, що можу підвестися, хоч нога й боліла. Так боляче мені ще ніколи не було! Та пані Квіст мене не відпускала. Я довго просив вибачення, може, чотири або п'ять разів і весь час заливався сльозами, мов малюк. Урешті бабуська пішла собі. Я знову сів на землю — плакав навзрид, тримався за ступню і ойкав: «О-йо-йо-йой!».

КАПОСТІ

Багато днів у моєму житті були прикрими. Той день, наприклад, коли Астрід, Ґустав і Аллан розтрощили об стіну мого пластмасового кротика. Або той день, коли вони викололи очі в мого Мікі Мауса. Чи той день, коли вони обманом змусили мене вилізти на сосну й забрали з-під неї драбину. Скільки тоді соснової глиці насипалося мені в штани! Але найгіршим з усіх був нинішній день.

Коли мами й тати в нашому будинку довідалися про те, що сталося, вони вирішили, що в усьому винен Яґґер. Так, звичайно, трохи там було й моєї вини, тож, мабуть, не дивно, чому Астрід, Аллан і Ґустав не бажали зі мною гратися. Хай там як, у їхніх очах я видавався доволі дивакуватим! А що я був ще дитиною, то найбільше винуватили все ж Яґґера. Увечері всі тати зібралися в нашому передпокої на розмову.

Я сидів на ліжку в своїй кімнаті, затявся, що і слова ніколи й ні до кого в усьому світі не промовлю. Мама стояла у дверях і плакала. Куртку Гейккі вона викинула на смітник.

— Ти ж пообіцяв, Бенґте, — в руках мама жмакала мокрий носовичок. — Пам'ятаєш, ти пообіцяв більше не зустрічатися з тим псом?

Я мовчав.

— То так ти дотримуєшся обіцянки? — хлипала мама. — А нам із татом так хотілося, щоб у тебе з'явилися друзі. Що ж тепер буде?

Я далі мовчав. Потім прийшов тато й привів до моєї кімнати решту татів. У всіх були серйозні міни на обличчях. Тато присів навпочіпки

біля ліжка. Він погано втримував рівновагу, і це було смішно.

— Послухай, Бенґте, — сказав він. — Ми з татами Ґустава, Аллана й Астрід вирішили не викликати поліцію.

— Добре.

— Ми самі поговоримо з тим собакою. Як його звати? Яспер?

— Навіщо вам з ним говорити?

— Бо ми вважаємо, що він учинив неправильно. Ми вважаємо, що він підбив тебе на капості, і хочемо йому про це відверто сказати.

— Він не буде вас слухати.

— Та це не має значення. Де він водиться, до речі?

— Маєш на увазі, де він живе?

— Він має помешкання?

— Ні, але... він живе... я не скажу, де він живе.

— Мусиш сказати, — встряв тато Аллана.

— Так, мусиш, — підтакнув тато Ґустава.

— Ви ж його проженете!

Тати промовчали, лише перезирнулися. Тато Астрід запхав руки в кишені й промовив:

— Ми не проганятимемо його. Хіба ти не чув, що сказав твій тато? Ми лише хочемо з ним поговорити.

У кімнаті зависла в'язка тиша. Я розглядав пилинки, схожі на тисячі мільйонів крихітних планет, які витали в променях світла, що сіялося крізь вікно. На деяких планетах, думав я, напевно, цілком нормально жити в контейнерах. У помешканнях там живуть ті, хто харчується зі смітників і лається брудними словами.

Тато поклав долоню на моє коліно.

— А тепер, Бенґте, розкажи, як звати того пса і де він живе. Так буде ліпше для всіх. Ми з мамою вирішили не позбавляти тебе щотижневих кишенькових грошей, щоб заплатити за зіпсовані деталі Ґуставого велосипеда. Домовилися?

Я дивився на свої коліна й думав лише про них. Не думав про те, як класно нам було з Яґґером і як він мене втішав, визволивши зі сміттєвої повітки. Не думав про чудового Яґґера, який допоміг мені помститися всім тим ідіотам. Думав лише про свої коліна: коліна, коліна, коліна...

— Його звати Яґґер. Він живе біля річки. Неподалік Великого моста у контейнері.

Тато миттю схопився на ноги. Погладив мене по голові й сказав:

— Добре, Бенґте!

Решта татів нічого не сказала — вони швидко рушили до передпокою і зникли з помешкання.

Мама й далі стояла на порозі кімнати, шморгаючи носом.

— Не розумію, як могло до такого дійти, — пхинькала вона.

— До якого? — запитав я.

— До ось такого! Ти ж завжди був таким чемним хлопчиком, Бенґте! Усе полетіло шкереберть після появи того пса!

Я судомно гикнув. Хоч як намагався не думати, однаково весь час думав про Яґґера. А тоді встав з ліжка.

— Ні, усе було кепсько ще до його появи, — заперечив я.

Я метнувся в передпокій, швидко взувся і — гопс! — вискочив із дому.

Тати майже дійшли до річки, коли я їх наздогнав. Вони крокували рішуче й сердито. Усі — в літніх шляпанцях.

Яґґер сидів перед контейнером з пістолетом наготові. Побачивши гурт татів, він встав на ноги й прицілився.

— Назад! Інакше стрілятиму!

Тати не позадкували. Впевнено підступили до Яґґера. Тато Астрід вихопив із його лап пістолет і кинув на землю. Тато Аллана підняв Яґґера за комір у повітря.

— Припиніть! — закричав я.

Мій тато озирнувся.

— Іди додому, Бенґте! — велів він.

— Сервус, Бенґтику, — здушеним голосом привітався Яґґер. — Нога вже не болить?

— Трохи, — пробелькотів я.

— Ми тут самі впораємося, — сказав мені тато, узявшись руками в боки. — Опусти його! — обернувся він до тата Аллана.

Той опустив Яґґера на землю.

Якийсь час усі розгублено стояли, очікуючи від мого тата якогось крутого рішення, але мій тато ніколи не був здатний на круті рішення.

Раптом тато примружився.

— Це що, мій плащ?! — скрикнув він. — І мамині окуляри?!

— Та можеш їх собі забрати, — пробурмотів Яґґер.

— О, ні, красно дякую, — фиркнувши, тато бридливо глянув на брудний плащ та окуляри з погнутими дужками. — Що це означає, Бенґте?

— Ти й так ніколи не носив того плаща, — відповів я.

— Це мій вихідний плащ!

— Але ж ми ніколи нікуди не виходимо! Ви з мамою без кінця торочите, що мені потрібно завести собі друзів, проте самі не маєте жодного приятеля!

— Принаймні нам ніколи й на думку не спало б злигатися із шолудивим псом!

— Заткнися! — гаркнув Яґґер.

— Перепрошую? — процідив крізь зуби тато.

— Знаєш, ти ще не пуп землі, якщо мешкаєш у квартирі, — сказав пес. — Я маю контейнер і чудове ложе з картонних коробок! День і ніч навколо мене шастають щурі! Та вони мріяли би про такий побут!

— Он як! — вигукнув тато Астрід. — То це одного з них ти закатрупив і підкинув нам у поштову шпарину?

— Я-я нікого не катрупив, — Яґґер налякано скосив очі на могутні біцепси Астрідиного тата.

— А що ти вчинив із велосипедом Ґустава? — зціпив кулаки тато Ґустава.

— А з Алланом! — крикнув тато Аллана. — Він увесь вечір проплакав у ліжку!

— Т-то не лише я, — затинаючись пробурмотів Яґґер.

— Бенґтові лише вісім років! — вступився за мене мій тато.

— Та невже? — Яґґер сердито глянув на мене. — Хтось мені казав про вісім з половиною.

— Це не має значення! Важливо лише те, що він дитина, а ось ТИ!..

— А що я? — обурився Яґґер. — Що ТИ знаєш про мої роки?

— У кожному разі, ти вже давно вийшов із дитячого віку.

— А може, я ще цуценя...

— Не думаю, — пирхнув тато Аллана. — Якби був цуценям, твої батьки не дозволяли б тобі вчиняти капостей.

Від тих слів Яґґер наче оскаженів, налетів на Алланового тата, намагаючись вкусити за обличчя. Тато Аллана заверещав, інші тати відтягнули Яґґера. Татові Астрід удалося міцно схопити пса за загривок. Він розкрутив його над головою й закинув далеко в річку!

Яґґер борсався у воді, ридав і судомно хапав ротом повітря.

— Рятуйте! Я не вмію плавати! МАМО-О-О!!!

Коли Яґґер почав кликати маму, від його жалібного голосу в мене мурашки побігли тілом. Голос, як у немовляти або цуцика — маленької наляканої собачої дитинки.

— Допоможіть йому! — закричав я, тягнучи тата за шорти. — Він загине!

Але річка була мілкою. Вода сягала Яґґерові по пояс. Зрозумівши, що втоплення йому не загрожує, він навіть засоромився. Тати захихотіли, побачивши, що пес здатний на сором.

— Мерзотники! — хлипав Яґґер. — Згиньте з очей! Киш, киш, киш!

— У нього не все гаразд із головою, — пробурмотів тато Ґустава. — Дайте йому спокій!

Усі згідно кивнули й рушили додому. Тато міцно тримав мене за руку.

— Ти підеш зі мною, Бенґте! — сказав він. — Це ж треба — мій вихідний плащ!

Задушливі ночі

Я подався до Яґґерової домівки. Навколо контейнера було тихо, пустельно, аж мертвотно. Іноді мостом з гуркотом проїжджав автомобіль. Вітер прокотив у мене під ногами стару пластикову коробочку з написом «Шинка».

Яґґер часто погрожував, що переїде зі свого помешкання, — ось усе кине й забереться геть. Проте щоразу передумував. Тож і тепер я сподівався на це. Та ось я вже три тижні приходив на берег річки, але Яґґера не заставав. Він не повернувся. Цього разу все було по-справжньому.

Добре, що діти у дворі перестали мене цькувати! Щойно я виходив із дверей під'їзду, вони з вибалушеними очима притьмом розсипалися навсібіч — тільки смішні маленькі ніжки миготіли. Одного разу Аллан пожбурив у мене патичком, але то пусте. Може, так мені й треба? Ех, не знаю...

Без Яґґера було якось порожньо. Того разу, коли я сказав, що він мій найліпший друг, я трііішечки був змушений так сказати. А тепер думаю, що сказав таки правду. Він мій найліпший друг і таким залишився б назавжди, навіть якби в мене з'явилися інші друзі. Бо Яґґер класний і розумний, і він любив мене. Принаймні досі...

Я рушив назад додому. Було несамовито гаряче: здавалося, що сонце пропалило дірку в моїй голові.

Ночами я не міг спати. Перевертався з боку на бік, крутився у ліжку так, що ковдра ставала схожою на поморщену шкуринку від ковбаси. Піт заливав очі. Коли ж таки провалювався у сон, мені снився Яґґер у річці — мокрий і наляканий.

Щоночі сон потроху мінявся, стаючи ще жахливішим: ніби Яґґер тонув, кликав мене на допомогу, а я просто стояв на березі й дивився, як він тоне. Ноги ніби вростали в землю. То й не сон був, то мій мозок витворював картини, навіть коли я не спав. А я не хотів того бачити!

Однієї ночі, коли я намагався витіснити з голови важкі думки, раптом почув дзенькання покришки поштової шпарини в дверях.

— От чорт!

Я виплутався з ковдри й кинувся у передпокій. Приклав вухо до дверей. Якщо Астрід, Аллан і Ґустав надумали кинути мені до хати якусь гидоту, я був готовий підняти на ноги весь будинок! Тоді нехай би їхні тати чистили килимок у передпокої!

Ніякого шепотіння я не почув. Я провернув замок і рвучко відчинив двері.

— Ой! — скрикнув хтось.

То був Яґґер. Двері луснули його по носі. Хлипаючи, Яґґер перегнувся навпіл, а чоловік поруч із ним гладив його по спині й, мабуть, тисячу разів перепитав, як той почувається. Він тримав перед собою велику синю торбу, напхом напхану газетами. Яґґер мав таку саму.

— Б-бо-оже! — прогугнявив пес.

— Що сталося? — запитав я.

— Спокійно! — озвався чоловік таким тоном, наче був приставлений до Яґґера охоронцем чи щось таке.

Він вийняв із кишені брудний носовичок, дав Яґґерові. Той вишмаркався кров'ю, а тоді глянув на мене.

— Сервус, Бенґте! Ми не хотіли тебе будити.

— Та... я тільки-но за... тобто... пусте! Нічого страшного!

— Це — Гейккі, — кивнув Яґґер на свого супутника.

Тепер я завважив, що чоловік і справді був дуже схожий на безхатька, з яким ми нещодавно сварилися під мостом. Хоча Гейккі мав значно менше зубів у роті.

— Аг-га, — буркнув я.

— Мій новий найкращий друг! — відрекомендував Яґґер.

Він глянув на мене з-під примружених повік, ніби очікував, що я почну ревнувати, ображатися й верещати. Але мені мов заціпило — такий я був приголомшений.

— Аг-га, — лишень промимрив я.

— Ми вдвох розносимо газети, — вів далі Яґґер. — Гейккі мені допомагає. Знаєш, як складно не застрягнути лапою, — він кивнув на поштову шпарину.

— Аг-га...

Гейккі глянув на наручний годинник.

— Час на каву, — промовив він.

— Підеш із нами? — запитав мене Яґґер.

— Е-ем... Я не люблю кави.

— То просто посидиш із нами, — запропонував Яґґер. — Зазвичай ми кавуємо на лавочці внизу.

— То... Ти вже давно розносиш у нас газети? — поцікавився я, запихаючи ноги в черевики.

Ми вийшли на сходи. Тато з мамою солодко похропували у спальні.

— Десь тиждень, — знизав плечима Яґґер.

— Ось як! — ображено пробурмотів я.

Я нудив світом, страждав від самоти, повсюди його шукав, а він, виявляється, бував тут щоночі й нічого мені не сказав!

Надворі було дуже приємно і якось незвично. Над головою — порожевіле небо. Ніде ні одного авта. Лише мовчазна армія поштарів не спала в усьому місті. І я з ними.

Гейккі вийняв зі своєї торби термос у клітинку. Яґґер вийняв зі своєї маленьке зелене пластмасове горня. Скидалося на те, що це звична для них справа і каву вони п'ють разом років уже сто або й більше.

Я почувався зайвим.

Вони сиділи на лавочці, сьорбали каву, і за кожним ковтком Яґґер морщився, демонструючи, що кава страх яка міцнюща — справжня «доросла» кава. Не чекаючи на мої розпитування, Гейккі почав розповідати, як він із безхатька став поштарем.

Колись давно Гейккі жив, як усі люди: мав роботу, дружину й маленьку дитину. Однак він полюбляв випити. Гейккі так пиячив, що зрештою втратив роботу, а дружина так лютувала, що вигнала його з дому. І він опинився на вулиці. Однак і тоді не перестав пиячити. Почали випадати зуби. Не встиг він опам'ятатися, як потрапив до нічліжки.

Синочок підростав. Іноді дружина приводила його в нічліжку, щоб малюк міг побачитися з татом. Якось напередодні Різдва вони принесли пакунок. У ньому була шкірянка. Хлопчик сам її вибирав, щоб тато не мерз у ті дні, коли нічліжку закривали. Гейккі аж прослъозився від зворушення і заприсягся шанувати куртку.

Коли Яґґер поцупив куртку, дружина Гейккі страшенно розгнівалася. Вона не повірила балачкам про крадіжку — була певна, що Гейккі продав куртку, аби купити собі горілки. І сказала, що більше ніколи не приведе малюка до тата, якщо Гейккі так зневажив свого синочка. Отоді й стався перелом!

Гейккі зрозумів: якщо не хоче втратити сина, мусить взяти себе в руки. Він покинув пити і знайшов роботу поштарем, а вже за три місяці зміг винайняти собі помешкання!

— А все завдяки Яґґерові, — сказав Гейккі, поплескуючи собаку по спині.

Яґґер усміхався, попиваючи каву. І хоч я ні про що не запитував, Гейккі почав розповідати, як Яґґер теж став поштарем.

Гейккі почувався таким вдячним, що вирішив розшукати Яґґера. Сказано — зроблено. Він вирушив до нічліжки, аби перевірити, чи немає

там пса. Але в нічліжці сказали, що після того випадку з курткою Яґґер більше не з'являвся. Минуло дуже багато часу, Гейккі час від часу навідувався до нічліжки. І ось одного дня, два тижні тому, він застав там Яґґера! Хоча після того, як розлючені тати хотіли втопити його в річці, пес постановив собі більше ніколи не повертатися. Побачивши Гейккі, Яґґер спершу злякався, але чоловік не пам'ятав зла. Він запропонував Яґґерові місце на матраці у своєму помешканні, а потім поговорив зі своїм шефом. Гопс! — і Яґґер уже має роботу! Усе чудово, як у кіно!!!

Брр, як огидно голосно вони сьорбали свою каву! Яґґер наче постарішав на сорок років.

— На жаль, моя мама викинула ту куртку, — сказав я до Гейккі. — Тож тобі її уже не повернути.

Яґґер спохмурнів. Він і досі був одягнений у татів чорний плащ, хоч сприймав його мовби за свого ворога. Але, можливо, саме це мені й подобалося.

Гейккі щиро всміхнувся і поплескав мене по плечі.

— Не біда! У нас із сином знову налагодилися стосунки!

Я ще трохи посидів з ними — такий кумедно-потворний у своїх піжамних штанах, футболці і черевиках на босу ногу. А тоді не витримав:

— Піду ще посплю, — сказав я.

— Іди, Бенґтику! — кивнув Яґґер, виливаючи на землю рештки кави. — На нас із Гейккі чекає робота. Як там Аллан поживає?

— Хто?

— Аллан. Як у нього справи?

— Та звідки мені знати?

— Он як? А я думав, що ви друзяки!

Я не вірив власним вухам! Як він може таке говорити?!

— Може, і стали б ними, якби не... ех... Але мені начхати! Хай тобі щастить у новому житті!

— Заходь при нагоді у гості! — запросив Гейккі. — Річкова вулиця, 25, третій поверх. На дверях табличка «Віртанен/Свенсон».

І вони пішли. Я стояв перед дверима під'їзду й дивився їм услід, доки вони не зникли в кінці вулиці зі своїми синіми торбами через плече. Яґґер. Мій Яґґер. Тепер він став поштарем. Він не був шаленцем. Він був цілком порядним псом.

ВІРТАНЕН/СВЕНСОН

Я не мав жодних намірів іти в гості до Яґґера й Гейккі. Чого б це я мав іти до них у гості? Щоб пити мерзенну каву й теревенити про газети? Мене таке анітрохи не цікавило!

Колись Яґґер був класним товаришем. Коли ще вмів бавитися. А тепер не вміє.

Проте одного разу я таки вирішив навідатися до них накоротко. Вони ж, мабуть, сподівалися, що я прийду. Я лишень подзвонив би у двері, трохи пооглядав би помешкання і прокоментував, як їм нудно живеться.

А щойно вони почали б заварювати каву, відразу вшився би!

Річкова вулиця недалечко від нашої. Усі будинки в околиці дуже схожі між собою: високі й світло-сірі, мов велетенські гумки-стирачки. Одні — чисті й охайні, як наш. Інші — старі, з потрісканими стінами, як у Гейккі та Яґґера. У деяких на вікнах гарні картаті штори й порцелянові фігурки песиків, як і в нашому. В інших — запилюжені й перекручені жалюзі, котрі застрягли на двох третинах шибки, як у Гейккі з Яґґером. Хоч у під'їзді Гейккі та Яґґера пахнуло не ліпше, ніж у нашому: пересмаженим жиром.

Я виїхав ліфтом на третій поверх. На одних дверях чорними друкованими літерами було написано «Віртанен». На клейкій стрічці хтось дописав від руки «Свенсон». Мене ніби мечем хтось вгатив у живіт від ревнощів.

Хр-р-р-р-р! — захрипів дверний дзвоник.

— Заходьте! — почувся з-за дверей чийсь голос, і я увійшов.

Перший звук, який почув, — булькання кавоварки. Я вже повернувся йти геть, як у передпокої з'явився Яґґер.

— Сервус, Бенґтику! Ти прийшов? — привітався він, удаючи дуже здивованого.

— Та... хотів лише запитати, чи можна забрати татів плащ. Він уже передумав, хоче його собі повернути, — збрехав я.

Яґґер перехнябив набік голову, скривив жалісну гримасу.

— Шкода, але я все повикидав! І плащ, і окуляри, і пістолет. Хотів позбутися всього колишнього.

— Як — усього?!

— Ну... свого безпритульного життя. Чесно кажучи, у тому житті не було нічого доброго.

— Он як...

Гейккі бряжчав на кухні посудом — готував пригощення.

— Просимо на посиденьки, — сказав Яґґер.

— Навряд чи маю час...

— Та чого ти комизишся! — Яґґер говорив мовби до милого, але дурненького дитяти. — Скоро прийде син Гейккі.

— Он як...

— Він тепер часто приходить! — крикнув із кухні Гейккі. — Уявляєш, який я радий!

— Але ти, звісно, теж можеш почастуватися, якщо тобі вистачить часу, — додав Яґґер.

Він тепер мав пристойні капці за розміром лапи й такий доладний вигляд, аж нудило.

— Дякую, — похмуро процідив я.

Яґґер поводив мене помешканням: показав вітальню з диваном і старим квадратним телевізором; показав стіни, обвішані обкладинками музичних платівок із сімдесятих років; показав спальню з ліжком і матрацом на підлозі.

— Мій, — мовив Яґґер, показуючи на матрац.

Поруч стояла торба на коліщатах.

— Ти ж, пригадую, казав, наче ненавидиш квартири, — ущипнув я.

Яґґер зареготав. Ніби то було давно, сто років тому, а тепер він значно помудрішав.

Гейккі поставив на кухонний стіл дві філіжанки й дві склянки. Я сидів на самому краєчку стільця і почувався препаскудно. Мало того, що Яґґер тепер мав вигляд франта, так ще й доведеться сидіти, попиваючи сік, з малявкою і базікати про всякі машинки. Але тієї миті, коли я вже хотів підвестися й попрощатись, у двері подзвонили: хр-р-р-р-р!

— Заходь! — крикнув Гейккі.

Двері відчинилися.

— Привіт! Ви де? — почувся голос із передпокою.

— Ми на кухні! — відповів Гейккі.

Хтось скинув черевики. Минуло декілька секунд, і в кухню зайшов хлопчик. Але то було не мале дитинча, а хлопчик мого віку.

Він здивовано мене розглядав. Вигляд мав жахливий — худий як тріска. Обличчя бліде, мов полотно, майже прозоре.

— Це — чолов'яга, який колись був другом Яґґера! — кивнув на мене Гейккі.

Він наголосив на слові «колись». Напевне, щоб усі на світі збагнули, що тепер у житті Яґґера мене немає і це життя набагато ліпше за колишнє, коли ще був я.

Хлопчик знизав плечима.

— Ага! — промовив він.

Потім ми кавували. Гейккі купив цукрове печиво. Дуже смачне. Але воно швидко закінчилося. Ми з хлопчиком не мали про що говорити, просто сиділи з квасними мінами. Хлопчика звали Кенні.

Зате Яґґер і Гейккі розмовляли на дуже дорослі теми. Яґґер сказав, що було б дуже гарно прибити у вітальні книжкову поличку, а в кухні повісити фіранки. Направду, він поводився так, ніби це його помешкання, навіть більше його, ніж Гейккі.

Кенні надокучило й він сказав:

— Мабуть, піду додому.

— Уже?! — засмутився Гейккі.

— Та ви лишень базікаєте та й базікаєте.

— Та ну! Ми зовсім не хотіли вас заговорити!

Яґґер налив собі ще кави, усім своїм виглядом демонструючи: якщо хтось не бажає пити каву й вести мудрі розмови, може йти собі куди захоче.

Нараз Гейккі аж просяяв на обличчі.

— О, придумав! — скрикнув він. — Ви з Бенґтом можете погратися пістолетом, який лежить у шафі Яґґера!

Яґґер ледь не похлинувся кавою.

— Мовчи! — гаркнув він.

— Яким пістолетом? — запитав я.

Гейккі підвівся і почовгав у спальню. Я пішов за ним. І Кенні — теж. У шафі лежав і мій пістолет, і татів плащ, і мамині темні окуляри зі стразами.

— Ти ж казав, що все викинув, — дорікнув я псові, коли ми повернулися на кухню.

— Я хотів їх викинути, — виправдовувався Яґґер. — Але не встиг.

— Зате є чим погратися! — радів Гейккі.

— Ні, все треба викинути, — наполягав Яґґер.

Він підвівся з-за столу і вчепився у плащ.

— Не будь смішним! Хай діти пограються! — умовляв його Гейккі.

Яґґер зітхнув і знову сів, знизавши плечима.

— Що ж то за гра з одним пістолетом?

— Можна гратися по черзі, — сказав Гейккі.

Пес глузливо зареготав. Ніби гратися пістолетом по черзі — найбезглуздіша затія на світі.

КЕННІ

Тепер я трохи розповім про Кенні. Як я уже казав, він був дуже худий і негарний. Іноді з його горла виривалися дивні мимовільні звуки, мов клацання. Кенні сказав, що то від невпевненості у собі. Проте на занадто сором'язливого він не скидався — принаймні мені так не здалося. Він знав чимало всього про війни й зброю, міг дозволити собі лайливі слівця у розмові з мамою — сам чув одного разу, коли він розмовляв з нею по телефону.

Кенні майже щодня навідувався в гості на Річкову вулицю. Я — теж. Гейккі з Яґґером пили каву на кухні, а ми бавилися. Нам пощастило: не треба було чергуватися у грі, бо ми обидва мали по пістолету. І по дві пари окулярів. Щоправда, не мали двох плащів, лише один, і той брудний, але нам було байдуже, чистий він чи ні. Кенні тішився, що плащ дістався йому. Він казав, що ніхто ніколи нічого не віддавав йому просто так — усе доводилося відбирати силою.

Мені дуже подобалося гратися з Кенні. Він знав англійську. Ну, не те щоб знав по-справжньому, але міг запросто прикидатися, ніби знає. Ми вдавали, наче розмовляємо по рації, і гасали помешканням, мов скажені.

Яґґер невдоволено спостерігав за нами з філіжанкою кави на колінах. Іноді здавалося, ніби він спить, але я точно знав, що не спав, бо інакше порозливав би каву.

— Невже не можна гратися тихіше? — роздратовано бурчав Яґґер. — Хоч би про нас із Гейккі подумали! Ми ж із другої ночі на ногах!

Одного дня ми з Кенні надумали облаштувати собі «штабик». То була наша спільна ідея. Для будівництва взяли подушки й матраци, зібрали їх у спальні Гейккі та Яґґера. Із матраців спорудили одну стіну й дах, а з подушок виклали нижчі стіни. Залягли у «штабику», пильнуючи, чи не увірвуться до хати злочинці. Їх вривалося чимало, і ми вступали в бій. То був, звісно, уявний бій.

— Ійяяяяяя! — репетував Кенні, який був мастаком із рукопашного бою.

— Ійяяяяяя! — репетував я, теж незгірший мастак бою.

— Ійююю! Юююю! Юююю! — верещав Кенні.

— Ійююю! Юююю! Юююю! — верещав я.

— Тс-с! Сервус! — раптом сказав хтось.

Я визирнув з-поза барикади. Не помітив раніше Яґґера, який стояв прихилившись до стіни й спостерігав за нами. Певно, стояв там уже довгенько. Але вигляд у нього був зовсім не сердитий.

— Що таке? — запитав я.

— Ходи зі мною на хвилинку! — Яґґер кивнув на спальню.

— Навіщо?

— Не питай багато!

Я виліз із «штабика», Кенні — за мною.

— Ні, лише Бенґтик! — сказав Яґґер.

Кенні взявся лагодити завалені стіни «штабика».

Ми з Яґґером пішли в спальню. Яґґер зачинив за нами двері й витріщився на мене.

Дивився та й дивився, не змигнувши й оком.

Я теж не відводив погляду. Дивний він мав вигляд.

— То що? У чому річ?

— ІЙЯЯЯЯЯЯ! — зненацька загорлав Яґґер.

Він кинувся на мене, наче лев, розмахував і лупив лапами. Я до такого не був готовий, навіть трохи налякався, але теж ударив його кулаком.

— Що з тобою? — запитав я.

— Ти вже й жартів не розумієш? — ледь не образився Яґґер.

— Чому ж, розумію. То що ти хотів сказати?

Пес знизав плечима, знову спохмурнів.

— Якщо нічого, то я пішов собі. Треба допомогти Кенні відновити стіни.

— Хотів, хотів сказати, — Яґґер перегородив мені шлях до дверей.

— Слухаю...

Яґґер вагався. Переминався лапами. Покусував нижню губу.

— Тієї ночі, коли я сказав, що не хотів тебе будити...

— Ну?

— Коли застряг лапою у твоїй поштовій шпарині в дверях...

— Ну?

— То неправда... Я хотів тебе розбудити.

— Справді?

Яґґер кивнув.

— Я тільки вдав, ніби застряг, бо хотів... хотів, щоб ти прокинувся.

— А якби хтось інший прокинувся? Мій тато наприклад?

— То й що? Хіба незаконно розносити газети?

— Гм... Законно, звісно. Хитро придумав.

— Еге ж.

Яґґер знову надовго замовк. Втупився поглядом у підлогу, а тоді глянув на мене своїми круглими жовтими очицями.

— Ти скучаєш за мною? — запитав він несміливим, тоненьким голоском.

— Ми ж бачимося майже щодня! — здивувався я.

— Але не так! — очі Яґґера звузилися — дратувався чи що? — Ти граєшся лише з Кенні.

— Можеш з нами погратися!

— Та ні.

— Можеш, чому ні?

— Ні! Красно дякую! Це не одне й те ж!

— Чому?

— Не розумієш чи що? — пирхнув Яґґер. — Та, зрештою, начхати. Я тепер із Гейккі дружу!

— Я-я теж, — пробелькотів я.

— Е ні! — Яґґер похитав головою. — Мусиш якось визначитися! Або ти з Кенні й Гейккі, або зі мною, — він протяв мене холодним поглядом.

Я пересмикнув плечима. Здавалося, ніби опинився перед складним вибором і відповідь треба дати негайно, а я не знав, як вчинити правильно.

— Я обираю вас усіх, — знову пересмикнув я плечима.

Яґґер мовчав. Спершу я думав, що він почне обурюватися, але нічого такого не відбулося. Він просто кивнув.

— Окей... Звісно. Але мені більше подобається Гейккі. Ваші забави мені не підходять.

— Як скажеш...

Яґґер відкрив двері і вийшов зі спальні. Пройшов повз Кенні на кухню, але відразу вернувся, висмикнув свій матрац, і вся споруда завалилася.

— Це — мій! — крикнув він і пожбурив матрац у спальню.

Потім Яґґер сидів на кухонному диванчику й пив стільки кави, аж у ньому булькало. Дивився лише на Гейккі й звертався винятково до нього. А коли говорив я, здавалося, ніби мене слухають лише Гейккі та Кенні.

Врешті-решт, коли Кенні захотів спорудити «штабик» під кухонним столом, Яґґер зірвався від люті:

— Досить того гармидеру! Забирайтеся надвір і там собі бавтеся!

Ми так і вчинили.

ХАЙ ТАМ ХТО ЩО КАЖЕ

На подвір'ї будинку Гейккі та Яґґера було незатишно. Там стояв лише один гараж, та й той замкнений. Хоч би тобі одна сосонка росла!

— А в моєму дворі є карусель, — сказав я.

Кенні зняв із запобіжника пістолет.

— Гайда туди! — запропонував він.

І ми побігли. Дорога зайняла всього сорок секунд — ми добре бігали. А Кенні знав, що лічба «бронемашинами» займає рівно одну секунду. Наприклад: одна бронемашина, дві бронемашини, три бронемашини, чотири бронемашини, п'ять бронемашин. І так далі.

Добігши до подвір'я, ми трохи віддихалися за кутом будинку. Астрід, Аллан і Ґустав гуляли — сиділи на каруселі, а Астрід поволеньки крутила карусель, відштовхуючись п'ятою.

— Хто такі? — запитав Кенні.

— Мої сусіди. Прибацані на всю голову.

— Воно й видно, — промовив Кенні, знімаючи пістолет із запобіжника, хоч зробив це раніше. — Оточуймо їх!

— Слухаюсь!

Я оббіг дім, і ми вийшли до каруселі з різних боків.

Побачивши нас, Астрід, Ґустав і Аллан спробували напустити на себе розлючені міни, та насправді вони перелякалися не на жарт.

— Чого вам треба? — вороже запитав Ґустав.

Ми промовчали. Ґустав зиркнув на Кенні.

— Це хто з тобою?

— Мій друг, — відповів я і тієї ж миті збагнув, що так воно і є.

Ґустав глузливо засміявся. Астрід — теж. Лише Аллан мовчки сидів з дурнуватим виглядом.

— А чого він такий потворний? — пирхнула Астрід.

— Від потвори чую! — відрубав Кенні.

Потім він заліз на карусель — випробувати, чи гарно вона кружляє.

— Тут уже ми сидимо! — крикнула дівчинка.

— То забирайтеся геть, — незворушно відповів Кенні.

— І не подумаємо! Ми перші прийшли! — обурилась Астрід.

— Ця карусель відтепер буде нашим «штабиком», — заявив Кенні. — Геть звідси!

— Нізащо! — затялася вона.

Тоді Кенні націлив пістолет на Астрід, Ґустава й Аллана і випустив чергу.

— Фр-р-р-р-р-р! — зафуркотів він.

Аллан миттю зістрибнув з каруселі.

Однак Ґустав з Астрід навіть не ворухнулися: почали розмовляти між собою, наче нас і не існувало. Тоді Кенні щось затараторив англійською, зістрибнув з каруселі й заходився швидко-швидко її розкручувати.

— Припини-и-и-и-и! — заверещала Астрід.

— Ми попадаємо! — заволав Ґустав.

Я реготав, аж за живіт хапався. Астрід з Ґуставом міцно вчепилися одне в одного й вищали так, що можна було оглухнути. Зрештою Кенні сказав:

— Окей! Досить з вас!

Він рвучко зупинив карусель. Астрід з Ґуставом зійшли на землю, їх нудило, і вони несамовито злилися.

Кенні схрестив руки на грудях.

— А тепер забирайтеся!

Астрід з Ґуставом поплелися геть, проте Аллан залишився.

— Це було так круто! — озвався він, коли ми з Кенні залізли у наш «штабик».

Кенні промовчав. Я — також.

— Класні пістолі, — сказав Аллан.

— Гм, — відповів Кенні.

— Гм, — відповів я.

Аллан ще трохи потупцяв на місці.

— Ти казав... ти казав, що я міг би ним погратися.

— Чим? — здивувався я.

— Отим, — Аллан кивнув на зелений пістолет, який тримав у руках Кенні.

— Я таке казав?

— Так! Коли я був у тебе вдома...

На якусь мить стало тихо. У горлі Кенні знову дивно клацнуло. На верхівці сосни сиділа сорока й вигойдувала хвостом. Я трохи подумав і промовив:

— Можливо, я казав, що ти міг би ним погратися. Але насправді я так не думав. Не завжди думаєш те, що кажеш.

Аллан побагровів на обличчі. Навіть величезні вуха стали схожими на розпечені жаринки.

Кенні знову склав навхрест руки — тонкі, як патички, з подряпинами й синцями, схожі на білу спаржу.

— Якщо хочете з нами домовлятися по-доброму, приходьте в наш «штабик», — запропонував він. — Але треба знати таємний пароль. Інакше — смерть.

Аллан, засмучений, поплівся геть.

— Чудово, тепер ніхто нам не заважатиме!

Кенні поправив на носі окуляри.

— Чудово, — повторив я.

Не минуло й двох секунд, як на подвір'ї знову хтось з'явився. Пані Квіст. Ціпок стукав: цок-клац-цок-клац. Сусідка несла пакет зі сміттям. Важкий на вигляд.

Кенні мовчки й неприязно дивився на стару жінку. Я — теж.

Вона підходила дедалі ближче.

Ще ближче.

І ще ближче.

І ще ближче.

Коли стара майже порівнялася з каруселлю, Кенні вихопив пістолет і...

БАХ!!!

Пані Квіст так перелякалася, що впустила ціпок, і той з оглушливим дзенькотом упав на асфальт.

Стогнучи, вона потягнулася за ціпком, але не могла зігнутися, бо мала надто закляклу спину.

— Допоможіть мені, хлопчики, — попросила пані Квіст.

— Ага, сама впустила, то сама й піднімай! — огризнувся Кенні й почав наспівувати вигадану на ходу безглузду пісеньку:

Упіймав хом'ячка,
поділись зі мною!
Ножичком чик-чичирк,
Смачно, як весною!
Траля-ля-ля-ля-ля-ля-ля-лей!

ЛІСА

Після того випадку, коли Яґґер наговорив купу всякого про дружбу, можливу лише з кимось одним, він ставився до мене страшенно холодно. Зі мною майже не розмовляв, лише з Гейккі. Видно було, що мене він уже не любив так, як раніше.

Яґґер далі не знав міри з кавою, але вона вже йому явно не смакувала. Здається, він засумував. Іноді я спостерігав за ним, коли він думав, ніби його ніхто не бачить. Яґґер міг подовгу сидіти біля вікна, невидючим поглядом задивившись кудись далеко-далеко. Він наче змалів, став розсіяним і вічно роздратованим.

Та ще ніколи я не бачив його таким холодним і непривітним як того дня, коли в Гейккі з'явилася «чудова Ліса». Усе сталося напередодні... Але про це згодом. Зараз я розповім про ту «чудову Лісу».

Усе почалося з того, що ми з Кенні гуляли на нашому подвір'ї. На сосні сиділо кілька горобців, які шпигували за нашим «штабиком».

— Фр-р-р-р-р-р-р! — заторохтів Кенні й постріляв усіх горобців.

— Фр-р-р-р-р! — заторохтів і я.

Моя мама стояла біля кухонного вікна. Часто спостерігала за нами. Вона вже й сама не знала, як ставитися до наших забав. З одного боку, раділа, що в мене нарешті з'явився друг, а з іншого — вона добре знала, що тато Кенні жив з Яґґером, і їй це не подобалося.

За якийсь час мама зникла з очей, а за двадцять секунд повернулася, узяла з підвіконня вазон з рожевою квіткою і знову зникла.

За хвилину вона вийшла з під'їзду із квіткою в руках.

— Привіт-привіт! — якось аж надто бадьоро привіталася вона.

— Привіт! — відповів Кенні.

— Привіт! — сказав я.

— Весело вам? — поцікавилася мама.

Кенні нічого не відповів, мовчки витріщався на маму з квіткою. Я — теж.

Мама трохи знічено кахикнула.

— Я ось подумала, що час познайомитись із твоєю мамою, — сказала вона, усміхаючись до Кенні.

Той знизав плечима.

Мама знову кахикнула.

— Де ви мешкаєте?

— На Західній Залізничній вулиці.

— То, може, провідаємо твою маму разом? Це далеко?

Кенні заперечно похитав головою.

— Не дуже.

— От і добре, — зраділа мама.

— Але мами зараз немає вдома.

— Немає?

— Вона на роботі.

Моя мама кивнула.

— Зате мій тато вдома, — сказав хлопчик. — Він живе недалеко, його застати — раз плюнути.

Мама скрушно зітхнула. Якусь мить здавалося, що вона готова повернутися додому. Але потім глянула на мене, затим — на Кенні. І на квітку у вазоні.

— Тоді підемо до твого тата, — зважилася вона й рушила в напрямку Річкової вулиці.

— Ми не підемо, — сказав Кенні, підняв догори пістолет і заходився стріляти по горобцях на сосні. — Ми граємося! Фр-р-р-р-р!

— Фр-р-р-р-р! — зафуркотів і я.

Мама спинилася мов укопана.

— Ви ж розумієте, що сама я туди не піду, — промовила вона.

— Чому? — здивувався я.

Мама зітхнула, застогнала, не знаючи, що на це відповісти. Зрештою заблагала жалібним голосом.

— Ну, будь ласка, Бенґте! Доки квітка ще не зав'яла від спеки.

— Гаразд, — погодився я, запихаючи за пасок пістолет.

Кенні теж запхав пістолет за пасок.

І ми пішли.

У сорок секунд ми не вклалися, бо мама не хотіла бігти. Дорога зайняла дев'яносто дев'ять секунд — Кенні дуже голосно лічив бронемашини.

Коли ліфт зупинився, мама двічі прокашлялася й обірвала зів'ялий листок із квітки.

— Тату-у-у-у! — крикнув Кенні з передпокою. — Тут до тебе прийшли!

Мама знову знічено кахикнула.

Гейккі вийшов у передпокій, і мама так рвучко тицьнула йому в руки вазон, що Гейккі ледь не заточився.

— Привіт! Я мама Бенґта, принесла «чудову Лісу», — схвильовано випалила моя мама.

Гейккі невимовно втішився і запросив маму на каву. Вона радо погодилася. Але весь час підпихала мене в спину, щоб я, бува, кудись не чкурнув.

У кухні булькотіла кавоварка. Пахнуло смаленим. Яґґер сидів на диванчику. Він аж скаменів, побачивши маму. Мама сіла на стілець, а Яґґер не зводив з неї пильного погляду. Потім узяв зі столу газету й почав читати.

Гейккі сполоснув кавову гущу й насипав свіжої кави.

— Тобі налити ще? — запитав він Яґґера.

Яґґер не озвався, заховавшись за великою газетою, лише сторінки перегортав.

Отож Гейккі налив каву собі та мамі, а ми з Кенні налили собі соку. Потім дорослі сиділи й балакали — як чудово, що ми з Кенні потоваришували. Мовчав лише Яґґер. Та й узагалі він поводився так, наче нас і не було. Мамі, певно, таке підходило. Вона дуже нервувалася. Так часто відкашлювалася, що Кенні подумав, чи в неї не такий же нервовий тік, як у нього. Це його потішило, і він зняв окуляри.

— Який я вдячний долі, що отримав новий шанс із Кенні! — сказав Гейккі, сколошкавши синові волосся. — Наші діти — найкраще, що ми маємо в житті!

Мама всміхнулася. Вона глянула на мене, потім — на Гейккі.

— Цілком згодна, — промовила вона. — Мій маленький хлопчик — найдорожче, що в мене є.

Яґґер раптом зірвався з місця, відкинув газету й рвонув із кухні.

— Мені треба в туалет, — буркнув він.

Забіг у туалет і замкнув за собою двері. Довго там сидів. Гейккі запідозрив, що в нього розвільнення від надміру випитої кави. Він кілька разів шарпав клямку й запитував:

— Усе гаразд?

Але Яґґер не відповідав.

Зрештою о п'ятій мама зібралася додому готувати вечерю. Захотіла, щоб я пішов з нею.

— Заходь часом до нас у гості, Кенні, — запросила вона.

— Це ж як?

— Ну, як захочеш, скажімо, соку випити, то приходь до нас додому.

Кенні глянув на маму, нібито вона несповна розуму.

— У нас і тут соку не бракує, — сказав він.

Мама залилася рум'янцем. Сказала, що квітка потребує помірного поливу і сонячного світла.

І ми пішли додому.

КОМОД

Коли наступного дня я прийшов на Річкову вулицю, Гейккі з Кенні чистили картоплю. Я скинув черевики й хотів відразу рушити на кухню їм допомагати, але по дорозі зазирнув до вітальні. Яґґер сидів у своїй звичній позі біля вікна, задивившись у далечінь. Я не був певен, чи захоче він зі мною розмовляти, але мені стало так шкода самотнього собаку.

Яґґер, здається, не помітив моєї появи. Він далі дивився у вікно. Я теж виглянув, подумав, може, за вікном є щось неймовірно цікаве, таке, чого я ще ніколи не бачив. Сателітарна станція, наприклад, або парад клоунів іде вулицею чи щось таке. Але, окрім сірих будинків, нічого особливого не побачив.

За довгий час Яґґер озвався:

— Я довідався, скільки мені років.

— Справді?

Пес кивнув.

— У газеті прочитав.

— П-про це пише в газеті? — не повірив я.

— Та нє-є-є. Там написано про те, як можна визначити вік собаки. По зубах. Якщо гострі — пес молодий, якщо тупі — старий.

— А твої які?

— Та ще доволі гострі, — відповів Яґґер, помацавши язиком свої жовті кутні зуби, і зітхнув: — Отже... я ще надто малий для роботи. Збираюся в дорогу...

— У дорогу? Куди?

— Додому.

— До якого дому?

— Додому до мами.

Яґґер поколупався у дірці в дивані, з якої вилізло трохи наповнювача.

— До мами??? — я аж очі вибалушив від здивування. — Та ти ж навіть не знаєш, хто вона.

— Знаю... Просто... — Яґґер силувано засміявся. — Я сказав ніби її не знаю, бо... бо вона, з біса, мене задовбала.

— Задовбала?

Яґґер кивнув і наморщив носа.

— Ти знаєш тих мамуль. Іноді вони такі набриди! Одного дня мене дістало, і я втік із дому.

Не знаю чому, але я відразу здогадався, що він бреше. Напевно тому, що раптом став поводитися пихато й велемовно, як тоді, коли пив каву й намагався переконати весь світ, що вона йому страх як смакує.

— Як її звати? — запитав я.

— Е-е-е... лісабет, — затнувся Яґґер.

— І де вона мешкає?

— Ну-у... далеченько. Ти там не бував.

— Де саме?

— У квартирі, звісно! — вигукнув Яґґер і додав: — У будинку.

— У якому будинку?

— Та чого ти причепився? У якому будинку, у якому будинку... Чи такі вже ті будинки різні? — Яґґер скривився, ніби я теж уже йому набриднув як гірка редька.

Я мовчав, просто дивився на нього. Яґґер знічено потупився у підлогу. Мені навіть здалося: що ось зараз він зізнається, що все набрехав. Та раптом він чіпко уп'явся в мене очима.

— Точнісінько такий самий будинок, як цей: високий, сірий і з ліфтом. І перед будинком ніякого поля для гольфу, а великий зелений луг із тисячами рожевих квітів, метеликами над ними й маленьким озерцем, у якому можна купатися. Ясно тобі?

Я розглядав обкладинки музичних платівок на стіні. Вони були чорні й фіолетові, з хрестиками й чудернацькими візерунками.

— Я міг би колись завітати до тебе в гості? — запитав я.

— Звичайно!

— Даси адресу? Можеш записати її на клаптику паперу?

— Ясна річ! — повторив Яґґер, енергійно розглядаючись навсібіч, навіть на стелю, ніби шукаючи там клаптик паперу.

— Обід готовий! — гукнув із кухні Гейккі. — Пообідаєш з нами, Бенґте?

— Так!

Я глянув на Яґґера. Яґґер глянув на мене. Минуло кілька секунд. Яґґер кивнув у бік кухні.

— На нас чекають.

Я рушив на кухню, сів за стіл. На обід були смажені котлети. Я дуже любив котлети. Я поклав собі їжу на тарілку. І Кенні поклав, і Гейккі.

Потім прийшов Яґґер.

— Я лише вийду на хвилинку, принесу деякі речі, — сказав він.

— Які речі?

— Побачите.

— Може, спершу поїж? Усе ж вистигне.

— Та я швиденько, — запевнив Яґґер, ідучи до дверей.

— Навіщо тобі торба? — запитав Кенні.

— Що?

— Навіщо тобі торба? — повторив Кенні, показуючи ножем на картату торбу на коліщатах, яку Яґґер волочив за собою.

— Речі важкі, — пояснив пес, глянувши на мене великими й жовтими, мов ліхтарі, очима. — Скоро буду!

І зник за скрипучими дверима.

Гейккі поклав собі ще.

Кенні — також.

Але не я, я вже наситився, хоча з'їв лише одну картоплину й одну котлету. Наївся по саме горло. У животі стало важко.

Гейккі й Кенні балаболили про щось геть не цікаве, надворі сяяло сонце, мов яскрава помаранча.

Минуло п'ять хвилин.

Потім — десять.

А потім — п'ятнадцять.

— Де ж це він запропастився? — здивувався Гейккі й підійшов до вікна.

— Бачиш його? — запитав Кенні.

— Ні... Що йому так конче треба забирати?

Ніхто не знав. Лише я. Лише я знав, що нічого Яґґерові не треба забирати.

Гейккі знову сів за стіл.

Усі пообідали. А тарілка Яґґера стояла чиста й порожня. Гейккі зібрав зі столу, однак тарілку Яґґера не прибрав. Поставив каву, знайшов у шафці трохи вівсяного печива.

Гейккі з Кенні гризли печиво й розмовляли лише про Яґґера та оту загадкову річ, яку Яґґерові конче треба було звідкись забрати. Гейккі вгадував, що ж би то могло бути.

Можливо, Яґґер хотів зробити несподіванку й притягнути якісь меблі, скажімо, комод. Може, він намагався запхати комод у свою торбу на коліщатах, а та не витримала й роздерлася. А що як він, безпорадний, стоїть десь там на тротуарі.

— Міг би мене покликати на допомогу, але ж йому кортить усе зробити самому, — буркотів Гейккі.

Кенні пирхнув:

— Часом Яґґер видається мені нестерпним упертюхом. Чому він такий?

— Йому важко жилось у дитинстві. Мама від нього відмовилася, — сказав я.

Кенні не відповів, але всім своїм виглядом наче промовляв: «Може, закриємо тему?».

Мами

Яґґер зник. Не знаю, куди він міг переселитися. Хтозна, може, й правду казав, ніби його мама живе біля зеленого лугу з тисячами рожевих квіток? Та ні, фантазував. Я це точно знав. Але мені аж подих спирало на саму лиш думку, що він знову живе в якомусь бридкому контейнері й харчується покидьками. Іноді я змушував себе уявляти ту маму і квітучий луг. Уявляти, ніби все те існує насправді.

Минали дні. Що більше їх минало, то менше я згадував Яґґера. Не мав часу на думки про Яґґера, бо нам із Кенні було дуже весело гратися! Щойно Астрід, Аллан і Ґустав виходили надвір, ми радісно кидалися до них і відкривали стрілянину.

Одного вечора ми з мамою і татом знову дивилися по телевізору «Лото». Мені подобалась і передача, і жарти ведучого. Якось він надягнув кепку з причепленими до неї кулаками, які рухалися, коли він смикав за мотузок.

— Ха-ха-ха-хаа! — зареготав я. — З біса прикольно!

Хтось подзвонив у двері.

— Так пізно? — здивувався тато, підводячись.

— Я гляну! — сказала мама і вийшла в передпокій.

Скрипнули двері, почувся надміру радісний голос мами: «О, це ви!».

Слів я більше не розібрав — чутно було лише гармидер багатьох голосів, які начеб звучали всі нараз.

— Піди глянь, хто там, — попросив тато.

— Окей...

Однак я спинився мов укопаний, не дійшовши до передпокою, бо почув, що веселі голоси говорили про мене.

Я притулився до стіни, мов шпигун, який когось вистежує. Потім обережно, дуже обережно, визирнув із-за кута.

У передпокої стояла Алланова мама.

І мама Ґустава.

І мама Астрід.

Усі були радісні й веселі, сміялись і схиляли голови то до лівого плеча, то до правого.

— Направду, не хотіли завдавати вам клопоту, — сказала Алланова мама.

— Та що ви, який кло-о-опіт! — з удаваною щирістю заперечила моя мама.

— Річ у тім, що ми помітили, як легко Бенґт підпадає під вплив поганих людей, — сказала Алланова мама.

— Гм, — стурбувалася мама.

— Не знаю, може, Кенні і чудовий хлопчик, але забави в нього препаскудні, — сказала Алланова мама.

— Гм-м, — знову не знайшлася на відповідь моя мама.

— На подвір'я неможливо вийти, відколи він почав тут з'являтися, — додала мама Астрід.

— Гм...

— Хто там? — встав з дивана тато.

— Мами, — прошепотів я.

Тато теж сховався під стіною за кутом. Отак ми стояли вдвох, крадькома визирали й підслуховували.

— Звісно, не нам вирішувати, просто трохи сумніваємось, чи Кенні підходить Бенґтові для забав, — докинула своє слово мама Ґустава.

— Гм... можливо, й ні, — пробурмотіла моя мама, а тоді, зітхнувши, почала гризти нігті. —

Справді, у Бенґта всякі лайливі слова проскакують у розмові. Напевно, від Кенні набрався.

— О так, не відомо, чого той Кенні нахапався вдома, — промовила Алланова мама м'яким, занепокоєним голосом, ніби жаліла Кенні.

— Гм... — знову зітхнула моя мама. — Просто Бенґт останнім часом повеселів, більше не сумує. Мені здається, їм із Кенні добре вдвох.

Мами враз перестали мило перехиляти голівки й рішуче повитягали шиї.

— Залежить від того, що вважати добрим чи ні! Он нещодавно вони закинули на сосну светр Ґустава, — мама Ґустава все ще всміхалася, але вже не так привітно.

Усі замовкли. Мами Ґустава, Аллан й Астрід пильно дивилися на мою маму, ніби очікували виконання вироку.

З телевізора линула бравурна музика — музична заставка до програми «Лото», але дуже бравурна.

Мама трохи подумала.

— Якщо я поговорю з Бенґтом і переконаю його проводити менше часу з Кенні, було б добре зайняти його чимось цікавим. Тоді йому легше буде забути Кенні, я так гадаю.

Інші мами енергійно закивали.

— Наприклад, Аллан міг би знову прийти до нас у гості й погратися з Бенґтом.

— Оу... ну... — мама Аллана розгубилася. — Можливо, та я не певна, що він захоче.

— Мені здавалося, що минулого разу йому в нас сподобалося.

— О, так! Звичайно! — запально вигукнула Алланова мама, дивлячись на мою маму брехливими очима. — Ось лишень після того дещо трапилося. Аллан сказав мені, що Бенґт його розчарував. Бенґт не дотримує обіцянок...

— То, може, Астрід завітає в гості? — обернулася мама до Астрідиної мами. — Якби Астрід прийшла до нас завтра о десятій, Бенґт показав би їй свої пістолети. Він має аж два!

— О, так, — усміхнулися губи Астрідиної мами, хоча решту обличчя скувала нажахана маска. — Звісно, я нічого не обіцяю, але запитати можна.

— А може, Ґустав, — обернулася моя мама до мами Ґустава. — Ви ж купили деталі до велосипеда за наші гроші? Хай би Густав із Бенґтом трохи покаталися вдвох!

— Ми купили, але, на жаль, ще не поставили, — вибачливим тоном сказала мама Ґустава.

Мама кивнула.

Ще трохи подумала. Алланова мама чекала на відповідь.

І мама Астрід чекала на відповідь.

І мама Ґустава.

Музика в телевізорі замовкла. Чутно були лише бадьорий голос ведучого. І голоси публіки, яка захлиналася сміхом.

І тоді мама сказала:

— Тато Бенґта теж нівроку лаявся, коли був малим хлопчаком. Кажуть, з віком це минає... Я бачила, як діти закидали светр Ґустава на сосну. І я бачила, що Ґустав був з ними заодно — він теж брав участь у тій забаві.

Потім вона рішуче зачинила двері перед носами мам-сусідок і повернулася на диван. Вона ніяк не зреагувала на те, що ми з татом підслуховували.

Коли ми всі знову повсідалися на дивані, тато запитав у мами:

— Я лаявся малим хлопчаком? Звідки ти таке взяла?

— Твоя мама зізналася, коли ще була жива.

— Правда?

— Так, щира правда.

Тато сказав, що він такого не пам'ятає, а тоді здвигнув плечима, мовляв, ну добре, лаявся, то й лаявся. У нього заблищали очі, він важко задихав. Тато завжди так зворушувався від думок про свою покійну маму, бо вона була неймовірно доброю: щонеділі панькала його свинячими відбивними на кісточці, які він так любив.

— А найбільше смакував кістковий мозок, я його залюбки виколупував із кісточок, — замріяно всміхнувся тато.

— Угу, я чув це вже тисячу разів, — буркнув я.

КІНЕЦЬ

Зміст

Літературно-художнє видання

Фріда Нільсон

Для молодшого і середнього шкільного віку

Переклала зі шведської *Наталя Іваничук*
Художнє оформлення *Олександр Шатохін*

Головна редакторка *Мар'яна Савка*
Відповідальна редакторка *Наталка Малетич*
Літературна редакторка *Анастасія Ковалишин*
Художній редактор *Іван Шкоропад*
Технічний редактор *Дмитро Подолянчук*
Макетування *Юлія Янчук*
Коректорка *Віта Євстіфеєва*

Підписано до друку 22.10.2021. Формат 84×108/32
Гарнітура «Merriweather», «Hangyaboly». Друк офсетний.
Умовн. друк. арк. 10,92. Наклад 3000 прим. Зам. № 268/10.

Свідоцтво про внесення до Державного
реєстру видавців ДК № 4708 від 09.04.2014 р.

Адреса для листування:
а/с 879, м. Львів, 79008

Книжки «Видавництва Старого Лева»
Ви можете замовити на сайті starylev.com.ua
0(800) 501 508 spilnota@starlev.com.ua

Партнер видавництва

Надруковано у ПП «Юнісофт»,
61036, м.Харків, вул. Морозова, 13 б,
www.unisoft.ua
Свідоцтво ДК №5747 від 06.11.2017 р.
UNISOFT